D1986731

Karl Albietz

Den Segen weitergeben

Karl Albietz

Den Segen weitergeben

Die letzten Tage bekannter Menschen der Bibel

BRUNNEN
Verlag GmbH · Giessen

Die Beiträge zu diesem Buch erschienen zuerst in der Zeitschrift LebensLauf – Das christliche Magazin mit Lebenserfahrung, SCM Bundes Verlag gGmbH, Witten 2012-2013.

Die übrigen Zitate zu Beginn der Kapitel:
S. 69 Isolde Lachmann aus: Du hast mich ans Licht gehoben, Fotokunst Groh Verlag, München 1983;
S. 99 John Eldredge aus: Ganz leise wirbst du um mein Herz, Brunnen Verlag Gießen, 7. Auflage 2011.

MIX
Papier aus verantwortungsvollen Quellen
FSC
www.fsc.org
FSC® C083411

www.brunnen-verlag.de
Umschlagfoto: shutterstock
Umschlaggestaltung: Eva Joneleit
Satz: DTP Brunnen
Druck: CPI – Ebner & Spiegel, Ulm
ISBN 978-3-7655-4278-7

Inhalt

Ich danke meinem Gott, der gewollt hat,
dass ich zeitlebens ein Mann der Sehnsucht sein sollte.
Denn ich hatte auf dieser Erde kein Vaterland und
kein Zuhause,
sodass ich mit David sagen kann:
„Ich bin ein Gast und Fremdling auf Erden."
Du hast mich vor der Torheit bewahrt,
das Zufällige für das Wesentliche,
den Weg für das Ziel,
das Streben für die Ruhe,
die Herberge für das Zuhause,
die Pilgerschaft für das Vaterland zu halten.
Ich danke meinem Gott, der gewollt hat,
dass ich zeitlebens ein Mann der Sehnsucht sein sollte.
Johann Amos Comenius in seinem Testament

Vorwort

Alte Menschen, die mit Gottes Hilfe ihr Leben positiv gestaltet haben, sind gegenüber der Jugend im Vorteil. Sie sind „ein *Beweis,* dass der Herr seine Versprechen hält“, lesen wir in Psalm 92,16. Junge Leute können *hoffen,* dass das Leben gelingt, alte sind ein Beleg, dass Gott zu seinen Versprechen gestanden hat. Sie sollten dieses „Kapital“ nutzen und anderen von Gottes Segen erzählen, den sie in so reichem Maß erlebt haben. Denn Erfahrungen kann man nicht abstreiten, sie sind Tatsachenberichte. Dem Tod ohne Angst vor dem Nachher in die Augen schauen – das könnte unser letzter Beitrag für die nächste Generation sein.

Sich auf das Sterben einzustellen, kann schon in der Lebensmitte geschehen. Vielleicht ist es da sogar leichter als im hohen Alter. Und wir tun gut daran, das Leben so zu planen, dass wir es jederzeit abschließen können. „Lehre uns bedenken, dass wir sterben müssen, damit wir klug werden“, betete Mose in Psalm 90,12. Er selber wurde 120 Jahre alt. So weit schafft es heute wohl kaum noch jemand. „Mach uns bewusst, wie kurz unser Leben ist, damit wir endlich zur Besinnung kommen“, übersetzt „Hoffnung für alle“ diesen Vers. Das meint: Nicht ängstlich dem Tod ins Auge schauen wie die Maus auf die Schlange. „Klug“ heißt, immer mit der Möglichkeit zu rechnen, dass heute mein letzter Tag sein könnte.

Nicht alle *können* sich auf diesen Augenblick vorbereiten. Und nicht alle *wollen* es. Manche werden vom Tod überrascht. Andere verlieren ihre Kräfte schleichend. Aber es gibt sie tatsächlich: Menschen, die ihren Abschied sorgfältig vorbereiten. Die nichts dem Zufall (oder den Nachkommen) überlassen, sondern ihr Leben ordentlich abschließen wollen. In diesem Buch beschäftigen wir uns mit Männern und Frauen in der Bibel. Wie haben sie ihr Leben geordnet und abgeschlossen? Wie sahen die letzten Tage vor ihrem Tod aus? Was hat sie ganz zum Schluss noch beschäftigt?

Dieses Buch ist der Versuch, diese zwölf Personen in ihren letzten Tagen zu beobachten und von ihnen zu lernen, wie man seinen Abschied am besten vorbereitet. Es ist eine *persönliche* Einladung an jede Leserin, jeden Leser, Rückschau zu halten und dem Unausweichlichen, das auf uns zukommt, mutig ins Auge zu schauen.

Das Beispiel dieser alten Menschen kann uns anspornen, uns auf den eigenen Abschied bewusst vorzubereiten – nicht nur auf den Tod, sondern auf unsere Zukunft „drüben“. Nicht ängstlich, denn Christen werden erwartet. Und wir werden Jesus so sehen, wie er ist. Das ist Herrlichkeit. Lassen wir uns überraschen!

Das Buch enthält aber auch eine Fülle von Anstößen für das Gespräch *in Gruppen,* zum Beispiel in einem Hauskreis oder an einem Seniorennachmittag. Wenn wir uns scheuen, das Thema „Sterben“ offen anzusprechen, kann dieses Buch Anregungen geben, auf behutsame Weise mit anderen darüber zu sprechen. Ich wünsche Ihnen beim Lesen und beim Weitergeben einen großen persönlichen Gewinn.

Karl Albietz

Abraham

Das Erbe regeln 1. Mose 25,5-10

Herr, unser Gott, du hast unzählige stille Wege,
auf denen du möglich machst, was unmöglich scheint.
Gestern war noch nichts sichtbar, heute nicht viel,
aber morgen steht es vollendet da.
Und nun erst gewahren wir, rückblickend,
wie du unmerklich schufst,
was wir unter großem Lärm nicht zustande gebracht haben.
Jeremias Gotthelf

Paulus nennt Abraham den „Vater des Glaubens" (Römer 4,1). Damit hebt ihn der Apostel vor allen anderen Männern des Alten Testaments heraus. Abrahams Abschied finden wir in 1. Mose 25,5-10: „Abraham vermachte Isaak seinen ganzen Besitz. Den anderen Söhnen, die er von den Nebenfrauen hatte, gab er Geschenke und schickte sie noch zu seinen Lebzeiten in den Osten, damit sie sich nicht in Isaaks Nähe ansiedelten. Abraham wurde 175 Jahre alt; dann starb er nach einem erfüllten Leben. Seine Söhne Isaak und Ismael begruben ihn in der Höhle von Machpela, östlich von Mamre. Es war das Grundstück, das Abraham von dem

Hetiter Efron, dem Sohn Zohars, gekauft hatte. Er wurde neben Sara begraben."

Von der Vergangenheit eingeholt

Exakt 90 Jahre sind seit dem Fehltritt Abrahams mit der Magd Hagar vergangen. Mit Sara, seiner Frau, hatte er keine Kinder bekommen. Deshalb hatte die 75-Jährige ihrem Mann vorgeschlagen, es doch mit ihrer Sklavin Hagar zu versuchen (1. Mose 16,1-3). Und siehe da, es klappte, ein Jahr später war Ismael da, ein Stammhalter!

Aber mit der Ruhe war es vorbei. Neid, Eifersucht und Streit waren jetzt an der Tagesordnung. Die früher gutbürgerliche Familie wurde geschüttelt.

Der Streit eskalierte, als der 100-jährige Abraham mit seiner zehn Jahre jüngeren Frau Sara völlig überraschend doch noch ein Kind bekam: Isaak. Wer galt mehr: der Erstgeborene oder der „Rechtmäßige"? Für Gott war der Fall eindeutig: Träger der Verheißung war nicht Ismael, sondern Isaak (17,19; vgl. Römer 9,7).

Mit einem Befreiungsschlag versuchte Abraham, die Sache wieder in den Griff zu bekommen. Kurzerhand schickte er die Magd mit ihrem (seinem!) Sohn Ismael in die Wüste, egal wohin, einfach aus den Augen (1. Mose 21,14). Er nahm in Kauf, dass Hagar und Ismael dieses Abenteuer nicht überleben und im heißen Wüstensand elend zugrunde gehen könnten. Handelt *so* ein Vater des Glaubens? Wäre da nicht Gott gewesen, der niemanden fallen lässt, auch nicht den Unerwünschten –

der Fall Hagar und Ismael wäre buchstäblich im Sand verlaufen.

Klare Verhältnisse

Und nun, 60 Jahre später, als Abraham das Ende seines Lebens kommen sieht, liegt das verdrängte Problem wieder auf dem Tisch. Fehltritte lassen sich nicht einfach „wegschicken“. Nichts, kein Tag, keine Stunde, keine Minute unseres Lebens lässt sich unter den Teppich kehren. Spätestens bei der letzten Beurteilung unseres Lebens vor Gottes Thron ist alles wieder da – zum Entsetzen vieler, die die dunklen Seiten ihres Lebens erfolgreich versteckt und verdrängt hatten.

Es ist ihm hoch anzurechnen, dass Abraham in den letzten Tagen seines Lebens den selbst verursachten Problemen bewusst ins Auge schaut. Mit 175 Jahren, kurz vor seinem Tod, findet er noch die Kraft, eine saubere Lösung in die Wege zu leiten. Er überlässt das Verteilen seines großen Besitzes nicht seinen Kindern, sondern nimmt die Sache selbst in die Hand. Was für ein Kontrast zu so vielen, die sich heimlich aus der Verantwortung stehlen und die Erben ihrem Schicksal überlassen. Wie viele Familien sind nach dem Tod der Eltern wegen des Geldes auseinandergebrochen und haben nie mehr zusammengefunden!

Ungerecht?

Abraham ergreift selbst die Initiative und bestimmt, wer von seinem Vermögen wie viel erhält. Die Verteilung des

Erbes beginnt allerdings mit einem Schock, ja mit einer Provokation: Ein Einzelner wird bevorzugt: „Abraham vermachte Isaak seinen ganzen Besitz“ (Vers 5). Da ist sie wieder, diese auffallende „Ungerechtigkeit“, die schon früher im Hause Abraham so viel Not bereitet hatte. Genau das Gegenteil vom Chef im Gleichnis von Jesus in Matthäus 20,1-15. Dort erhalten alle gleich viel, egal, wie lange sie gearbeitet haben.

Warum verteilt Abraham so eigenartig „ungerecht“? Angesichts der heutigen Rivalitäten zwischen Arabern und Juden bekommt der Versuch einer Antwort auf diese Frage eine besondere Brisanz. Beide berufen sich ja auf Abraham als Stammvater. Für die Bibel ist der Fall klar: „Nur die Nachkommen Isaaks werden das auserwählte Volk sein“ (1. Mose 21,12). Damit auch nach außen kein Zweifel an dieser *geistlichen* Tatsache besteht, dokumentiert Abraham dies auch *materiell:* Isaak bekommt den Hauptanteil dessen, was Abraham gehört.

Abfedern!

Abraham musste sich bewusst sein, dass sein Verteilschlüssel Unstimmigkeiten auslöste. Nach Saras Tod hatte er noch einmal geheiratet. Zusätzlich zu Ismael und Isaak waren im Lauf der Jahre noch sechs Söhne dazugekommen (1. Mose 25,1-2). Mit zwei Maßnahmen versucht er, alle Parteien zufriedenzustellen:

- Alle Kinder bekommen ihren Anteil (Vers 6): „Den anderen Söhnen, die er von den Nebenfrauen hatte, gab er Geschenke.“

- Er verfügt eine räumliche Trennung: „Noch zu seinen Lebzeiten schickte er sie in den Osten, damit sie sich nicht in Isaaks Nähe ansiedelten."

Die einseitige Verteilung des Erbes ist bei den Betroffenen anscheinend auf keine Opposition gestoßen. War es die Autorität des alten Abrahams? Oder war es einfach ein übliches Verfahren in der damaligen Zeit? Isaak und Ismael wurden zwar nie Freunde, aber sorgten doch gemeinsam für eine würdige Beerdigung ihres Vaters (Verse 9-10).

Heilsame Trennung

Die verfügte räumliche Trennung seiner Söhne weckt Erinnerungen an eine andere schmerzliche Erfahrung in Abrahams Biografie: Als die Herden zu groß geworden waren, trennte sich Abraham von seinem Neffen Lot, nach einer langen Zeit der gemeinsamen Wanderschaft (1. Mose 13,8-12). Wenn eine Zusammenarbeit zu viel Kraft kosten würde, ist eine räumliche Trennung manchmal besser. Warum so viel Kraft in eine Beziehung investieren, die ich im Reich Gottes anders besser einsetzen könnte? Eine künstlich aufrechterhaltene „Gemeinschaft" verleitet leicht zu Unehrlichkeit und Heuchelei. Durch schmerzliche Erfahrungen hat Abraham gelernt, das Leben ehrlich anzugehen. Das kommt ihm jetzt im Alter zugute.

Meinen Abschied vorbereiten

Nicht allen Berühmten der Bibel ist der „Ausstieg“ aus diesem Leben so gut gelungen. Wir werden uns auch mit Negativbeispielen befassen. Aber solange wir noch da sind und uns die Kräfte noch nicht verlassen haben, sollten wir es unseren Nachkommen so einfach wie möglich machen – auch mit dem, was wir einmal zurücklassen werden. Sie sollen ja mit Dank, nicht mit Seufzen an uns zurückdenken!

Mose

Der lange Schatten der Vergangenheit

5. Mose 34,1-7

Hüte dich davor, in trüben Gedanken zu versinken.
Du bist von zehntausend Gnadenerweisen umfangen.
Sie sollen dich in demütige Dankbarkeit versetzen.
John Wesley

Ein Fehltritt mit fatalen Folgen

Mose hat im Auftrag Gottes das Volk Israel durch die Wüste geführt und dabei manche Krise gemeistert. Dann hat ein einzelner Fehltritt für den Propheten fatale Folgen (4. Mose 20,2-12; 5. Mose 34,1-7).

Ein heißer Tag. Unbarmherzig brennt die Sonne auf die staubige Wüste. Stumpf sitzen die Leute im Schatten ihrer Zelte, gelangweilt, resigniert oder – je nach Gemütslage – verzweifelt. Eine ganze Generation ist ins Land gegangen, ohne dass etwas Wichtiges geschehen wäre. Dabei hatte nach dem Auszug aus Ägypten alles nach Aufbruch ausgesehen, Erwartung hatte in der Luft gelegen. Nun aber hat die Israeliten die Realität von 40 Jahren Wüstenwanderung eingeholt. „Wie lange soll das noch dauern?“, fragen sie Mose zornig. Seit Jahren bewegen sie sich kaum noch, das Ziel ist in weite Ferne gerückt. Irgendwo zwischen Kadesch und dem Sinai warten sie auf das Startzeichen von Gott, dass sie endlich Richtung Kanaan weiterziehen sollen.

„Warum habt ihr uns in die Wüste geführt? Wollt ihr uns und unser Vieh verdursten lassen?“ Mose kennt diese Vorwürfe nur allzu gut. Es ist nicht das erste Mal, dass er mit dem Rücken zur Wand vor Problemen steht, die er selbst nicht lösen kann. Es ist ja auch kein Pappenstiel, ein Zweimillionenvolk durch eine zerklüftete Wüste zu führen. Nein, er hat kein Verständnis für Vorwürfe wie diese. Schließlich hat der lebendige Gott schon x-mal bewiesen, dass er Wunder tun kann. Aber der Auszug aus Ägypten liegt lange zurück. Seit Jahren steht jeden Tag das gleiche Essen auf dem Tisch. Das stillt zwar den Hunger, erfordert aber von den Köchinnen keine Höchstleistungen. Manna als Einheitsmenü für zwei Millionen Menschen – es ist zum Davonlaufen.

Rechnung ohne Gott

Heute aber ist nicht der Hunger das Problem, sondern der Durst. Weit und breit kein Wasser. Auch Moses Nerven liegen blank. Er betet zwar und Gott gibt ihm sogar Antwort. Aber entweder hat Mose dabei nicht richtig zugehört oder er will nicht, was Gott will. Das Volk soll er versammeln und zu einem Felsen sprechen. Sprechen? Soll das ein Witz sein? Ein Hirte kennt in solchen Situationen andere Methoden, um zu Wasser zu kommen, schließlich hat Mose 40 Jahre in der Wüste Schafe gehütet. Er hält sich nicht an Gottes Anweisungen, sondern baut auf seine Hirten-Erfahrung und *schlägt* den Felsen, zweimal. Und tatsächlich: Das Wasser beginnt zu strömen, genug für alle. Das Problem ist gelöst – und Mose hat (wieder einmal) seine Haut gerettet.

Aber er hat seine Rechnung ohne Gott gemacht: „Ihr habt mir nicht vertraut und meinen heiligen Namen nicht geehrt, sondern euch selbst in den Mittelpunkt gestellt“, sagt er zu Mose und Aaron. „Deshalb werdet ihr mein Volk nicht in das Land bringen, das ich ihnen gebe.“

Ohne diese Vorgeschichte aus 4. Mose 20,2-12 kann man die Umstände von Moses Tod nicht verstehen. Aaron ist schon gestorben. Und nun stehen die Israeliten am Jordan. Das verheißene Land liegt vor ihnen, sie müssen es nur noch einnehmen. Da erinnert Gott seinen Diener Mose an jenen Fehltritt in der Wüste. Seine Zeit ist abgelaufen, obwohl seine Augen noch klar sind und seine Kraft ungebrochen ist (5. Mose 34,7). Kein Gras ist über diese Sache gewachsen. Keine Barmherzigkeit! Keine Vergebung?

Mose, der dem Volk das Gesetz gegeben hatte, muss Gottes Gericht am eigenen Leib erfahren. Nicht der Mord eines Ägypters ist ihm zum Verhängnis geworden, sondern ein ganz „kleiner“ Ungehorsam: Er hat den Felsen geschlagen, anstatt zu ihm zu reden. „Steig auf den Berg Nebo im Gebirge Abarim, gegenüber von Jericho! Sieh dir von dort aus das Land Kanaan an, das ich den Israeliten schenke. Danach wirst du dort oben sterben, wie Aaron, der auf dem Berg Hor gestorben ist. Denn ihr beide habt mir die Treue gebrochen“ (5. Mose 32,49-51).

Wie kann Gott so hart sein?

Warum nimmt er diesen kleinen Ausrutscher des Mose als Anlass, um ihn endgültig aus dem Verkehr zu ziehen? Ausgerechnet seinen besten Freund (2. Mose 33,11), mit dem der Herr Auge in Auge redete. An einem einzigen von 43.800 Tagen, in einem kurzen Augenblick, hatte er die falsche Entscheidung getroffen. „Gott, wie kannst du bloß?“, ist man versucht zu fragen.

Die Antwort ist einfach: aus Liebe! Wenn Gott Liebe ist, dann muss auch diese scheinbar harte Strafe aus Liebe geschehen sein – auch wenn wir ihn nicht verstehen.

- Aus Liebe zu *Mose*. Auch wenn er mit seinen 120 Jahren noch unverbraucht war, wollte Gott ihm die Eroberung des Landes Kanaan nicht auch noch zumuten. Sie dauerte jahrelang, „keine Stadt ergab sich freiwillig“ (Josua 11,19). Wann, wenn nicht heute, wäre der günstigste Zeitpunkt für einen Wechsel in der Leitung des Volkes?
- Aus Liebe zu *Josua*. Josua wird als „Diener“ bezeichnet (4. Mose 11,28), als rechte Hand des Mose. Als einer, der immer da war, wenn man ihn brauchte. Eine Lehrzeit von langen 40 Jahren liegt hinter ihm. Er begleitete Mose auf den Sinai, lernte ihn dort als

Beter kennen, der auf Gott hörte, mit ihm „verhandelte“, von ihm Weisung empfing. Er hatte Mose bei seinen starken Auftritten und in schwachen Stunden beobachten können. Wirklich eine umfassende Ausbildung. Nun aber war seine Stunde gekommen. Jetzt war er gefordert. Jetzt brauchte es eine andere Art von Führung. Mose war der Mann für den Abschnitt „Wüste“ gewesen. Er hatte die Grundlagen für das Zusammenleben des Volkes gelegt. Für die Eroberung des neuen Landes brauchte es einen Strategen, einen Heerführer. Das war Mose nicht, aber Josua (2. Mose 17,8-13). Gott selbst traute ihm zu, das Volk auf dem nächsten Abschnitt zu führen. „Josua wird das Volk übernehmen“ (5. Mose 31,2-3).

Die letzten Stunden

Es liegt ein eigenartiger Glanz über dem Abschied des Mose – mit einigen offenen Fragen. Fest steht: Mose musste zum Schluss nochmals zum Bergsteiger werden (5. Mose 34,1). Vom Jordantal bis auf den Gipfel des Berges Nebo beträgt die Höhendifferenz immerhin 1200 Meter – eine echte Leistung für einen 120-Jährigen. Der Berg liegt auf gleicher Höhe wie Jerusalem, dazwischen befindet sich das Jordantal. Sicher überliefert ist auch, dass Mose starb (Vers 5), im Gegensatz zu Elia, dem diese Erfahrung erspart blieb (2. Könige 2,11). Der Herr selbst begrub Mose, wie es heißt, interessanterweise nicht auf dem Berg, sondern unten im Tal. Es muss also ein „Leichentransport“ stattgefunden haben. Woher der Schreiber dieses Kapitels seine Informationen hatte, bleibt offen, denn Moses Grab wurde nie gefunden (5. Mose 34,6). Nach dem Judasbrief gab es nach seinem Tod Streit zwischen dem Erzengel Michael und dem Teufel um den Leichnam des Mose (Judas 1,9).

Moses Existenz war mit seinem Tod nicht zu Ende. Im Neuen Testament wird sein Name rund 80-mal genannt, meist im Zusammenhang mit einem Zitat aus dem „Gesetz des Mose", Gottes Geboten. Herausragend ist aber vor allem eine Episode im Leben von Jesus, in der Mose eine wichtige Rolle spielte: auf dem „Berg der Verklärung". Kurz vor seinem Leiden und Sterben in Jerusalem erschienen ihm Mose und Elia und redeten mit ihm über die schwierigste Phase seines Lebens, die unmittelbar vor ihm lag (Lukas 9,30-31). Mose hat also das Land Kanaan doch noch erreicht, wenn auch mit einer zeitlichen Verzögerung. (Interessant ist diese Geschichte auch aus einem anderen Grund: Wir werden nach unserem Tod nicht arbeitslos. Unser Auftrag geht „drüben" weiter, wenn auch in anderer Form. Und wir erkennen einander wieder, sogar mit Namen!)

Die Bilanz

Das Leben des Mose schließt mit einem wunderschönen Glaubenszeugnis: „Nie mehr gab es in Israel einen Propheten wie Mose, dem der Herr von Angesicht zu Angesicht begegnet ist. Nie wieder sind so große Wunder durch einen Menschen geschehen; nie wieder hat der Herr so deutlich seine Macht gezeigt wie in Ägypten am

Pharao, seinen Hofbeamten und seinem ganzen Land. Kein anderer hat Israel mit so starker Hand geführt und vor den Augen des ganzen Volkes solche mächtigen und schreckenerregenden Taten vollbracht wie er" (5. Mose 34,10-12). Tatsächlich eine überragende Persönlichkeit!

Welche Spur lassen wir zurück? Was ist das Ergebnis meines Lebens? Was wird man über mich sagen, wenn ich einmal nicht mehr da bin? Im Gehorsam Gott und seinem Wort gegenüber und mit der Vergebung bei Fehlpässen lassen sich Resultate erzielen, die wir selbst nie erreicht hätten. Wäre Mose bei den Schafen geblieben, als Gott ihn beim Dornbusch rief – nicht auszudenken, was er alles verpasst hätte! Gott hat ihm mit seiner Berufung die Chance eröffnet, aus seinem Leben viel mehr zu machen, als er sich je erträumt hatte.

Mose kann man nicht kopieren, aber Gottes Stimme gehorchen. Das eröffnet uns ganz neue Möglichkeiten. In einer engen Lebensgemeinschaft mit Jesus schafft *er* durch uns Erstaunliches (Johannes 15,5).

Jakob und seine Enkel

Den Segen weitergeben 1. Mose 49,1-28

O du unendliche Liebe, die nie aufgehört hat,
allezeit liebreich auszuhalten mit mir.
Während ich schlafe, wachst du,
und wenn ich wachend mich irre,
so machst du selbst den Irrtum zu dem noch Besseren,
als das Richtige gewesen wäre, und ich –
ich habe mich bloß zu verwundern über dich, unendliche Liebe.

Sören Kierkegaard

Jakob, der Enkel des jüdischen Stammvaters Abraham, ist inzwischen alt geworden. Mit seinen 147 Jahren ist nicht alles gut gelaufen: Er selbst ist schuldig geworden, andere haben ihm Leid zugefügt. Aber mit seinen Enkeln findet sein Leben einen guten Schlusspunkt.

„Wenig und böse war die Zeit meines Lebens", sagt der alte Jakob zum Pharao, „gering an Zahl und unglücklich", oder: „kurz, hart und leidvoll", heißt es in neueren Übersetzungen (1. Mose 47,9). Das Leben ist gelaufen, der Tod steht vor der Tür. Jakob spürt es. Noch etwas früh, muss er sich gesagt haben. Sein Vater Isaak hatte 33 Jahre länger gelebt, sein Großvater Abraham 28. Aber die Reserven sind aufgebraucht. Der Abschied wird vorbereitet.

Was macht einer, der weiß: In wenigen Stunden bin ich weg? Was kann man noch verbessern, wenn das Leben nicht optimal gelaufen ist? Jakob starb nicht resigniert, sondern setzte noch in den letzten Tagen seines Lebens einen wunderschönen Schlusspunkt – mit seinen Enkeln (1. Mose 48).

Turbulente Vergangenheit

Lange Zeit hatte es nicht so positiv ausgesehen. Das Unheil begann schon sehr früh. Sie waren nur eine Kleinfamilie: Vater, Mutter und zwei Söhne. Man sollte meinen, gottesfürchtige Leute führten ein harmonisches Familienleben. Denkste!

Der erste Streit begann schon vor der Geburt. „Jetzt bin ich endlich schwanger. Warum bekämpfen sich denn meine Kinder?“, seufzte Rebekka (1. Mose 25,22). Schon im Mutterleib machten die Zwillinge der Mutter Sorgen. Es sollten nicht die Einzigen bleiben.

Sympathie und Antipathie bestimmten das Klima: Esau war der erklärte Liebling des Vaters, für die Mutter war Jakob der Favorit. Die Rivalitäten erreichten ihren Höhepunkt ausgerechnet, als es um die Zukunft ging, um die göttliche Lebensversicherung: Wer bekommt den Segen Gottes? Für den Vater war der Fall klar: Natürlich Esau, er ist zuerst auf die Welt gekommen. Aber die Mutter brachte es fertig, dass ihr Liebling schließlich den Segen erhielt.

So wurde geschoben, nachgeholfen, gestritten, Rache geschworen – nicht die besten Voraussetzungen für den Start ins Leben. Jakob war an dieser Entwicklung nicht unschuldig. Er half kräftig mit, dass keine Ruhe einkehrte, bis es seinem Bruder zu bunt wurde und er Pläne für einen endgültigen Schlussstrich ins Auge fasste: Jakob sollte beseitigt werden, Esau wollte den Segen für sich (1. Mose 27,41).

Als Jakob von den Mordplänen seines Bruders erfuhr, floh er und verschwand 20 Jahre von der Bildfläche. Er fand Unterschlupf bei seinem Onkel und baute eine neue Existenz auf. 700 Kilometer Sicherheitsabstand lagen zwischen ihm und seinem Bruder. Er wurde in Haran nicht nur ein sehr erfolgreicher Mitarbeiter, sondern nach einigen Jahren sogar der Schwiegersohn seines Onkels.

Eine Patchworkfamilie

„Manchmal muss man Gott etwas nachhelfen." Dieses Motto hatte Jakob sich zu Hause abgeschaut. Und so nahm das Unheil auch am neuen Ort seinen Lauf. Räumliche Distanz löst keine Probleme, denn ich nehme mich selbst mit.

Das Verhängnis begann, als Jakob seine Lieblingsfrau heiraten wollte. Der Schwiegervater schmuggelte aber nach der Hochzeitsfeier die Falsche in Jakobs Ehebett (1. Mose 29,23). In der Dunkelheit des Zeltes erkannte Jakob den Irrtum erst am anderen Morgen. Weil er aber auf die schöne Rahel nicht verzichten wollte, heiratete er auch sie. Später wollte es bei ihr mit dem Kinderkriegen nicht so recht klappen, deshalb kamen noch zwei Mägde als Nebenfrauen dazu. Die zwölf Söhne waren das Resultat eines Lebens mit vier Frauen (1. Mose 29-30). Damit waren die Probleme natürlich programmiert. Heute ist die „Patchworkfamilie" fast normal geworden. Viele Kinder erleben nicht mehr die Geborgenheit einer intakten Familie. Rivalitäten, Fremdgehen, hässliche Szenen und das Auseinanderbrechen von Ehen und Familien sind für viele Kinder der traurige Alltag. Eine intakte Familie ist heute etwas Besonderes.

Das Leben der Familie Jakob liest sich stellenweise wie ein Krimi. Aus seinen Kindern wurden Massenmörder (Simeon und Levi in Sichem) und Ehebrecher (Ruben mit Jakobs Frau Bilha). Die Brüder plünderten kollektiv eine ganze Stadt. Juda zeugte Nachwuchs mit seiner Schwiegertochter Tamar. Schließlich verkauften sie auch noch ihren Bruder als Sklaven nach Ägypten. Ihren Vater belogen sie nach Strich und Faden, sodass er ihnen schließlich kein Wort mehr glaubte (1. Mose 45,26). Und das sollten Segensträger für die ganze Menschheit werden? So zumindest hatte es Gott Abraham versprochen. Der schlaue Jakob, der schon als junger Mensch sein Leben selbst in die Hand nehmen wollte, steht als alter Großvater vor einem Scherbenhaufen.

Beispiellose Erfolgsgeschichte

Der Bruch mit seiner Familie hätte für Josef radikaler nicht sein können. Keine Vermisstenmeldung, keine polizeiliche Suchaktion, kein Adressensuchprogramm, kein Internet und kein Handy. Er war verkauft, verschwunden, für seine Familie existierte er nicht mehr.

Als er in Ägypten Nachwuchs bekam, war das Schlimmste bereits überstanden. Er war nicht mehr Sklave, nicht mehr im Gefängnis. In einer Blitzaktion wurde er in höchste Regierungsämter gehievt, wurde Stellvertreter des Pharaos, der zweithöchste Mann im Staat (1. Mose 41,41). Typisch Gott: Er verhinderte zwar die tiefe Demütigung Josefs nicht, aber er ist in der Lage, auch aus einem brutalen Tiefschlag Gutes entstehen zu lassen. Innerhalb von Tagen kann er eine Situation verändern.

Josef kam nicht nur aus dem Gefängnis frei, er konnte auch persönlich eine neue Existenz aufbauen. Eine Frau wurde ihm zugeteilt, nicht aus dem eigenen Volk, aber immerhin eine Priestertochter. Zwei Söhne wurden ihnen geschenkt, Manasse und Ephraim (1. Mose 41,50-52). Bei den Namen seiner Söhne klingt Josefs bittere Erfahrung noch nach. Manasse heißt „Der vergessen lässt“. Und Ephraim? „Gott hat mir im Ausland Kinder geschenkt“. Bei Luther: „Gott hat mich wachsen lassen im Land meines Elends.“

Enkel mit großer Zukunft

Mit 147 Jahren verabschiedet sich Jakob von seiner Familie. 17 Jahre sind es her, seit er mit 66 Kindern und Enkeln Ägypten erreicht hatte (1. Mose 46,26). Jetzt nimmt er Abschied. Und wie! Dreimal wird berichtet, dass Jakob andere gesegnet habe: zuerst den Pharao (1. Mose 47,10), dann seine beiden Enkel (1. Mose 48,15) und als Drittes seine Söhne (1. Mose 49,1-28). Jakob sieht nicht auf sein nahes Ende, er sieht, was Gott noch alles im Sinn hat. Jetzt, am Ende seiner Tage, zählt nicht die Vergangenheit. Er sieht das Ergebnis. Gott hat aus all den Wirrungen seines Lebens Gutes entstehen lassen.

Josef macht mit seinen beiden Söhnen einen Abschiedsbesuch bei seinem Vater. Was gibt der 147-Jährige seinen Enkeln mit auf den Weg? Nichts von „hart und böse und unglücklich“ wie beim Pharao. „Gott, dem meine Väter Abraham und Isaak dienten, hat mein Leben lang für mich gesorgt“ (1. Mose 48,15). Wie bitte? Hat ihn sein Gedächtnis plötzlich im Stich gelassen? Hat er all das Schwere vergessen?

Nein, das ist alles noch da. Aber Jakobs Sohn Josef sieht hinter dem vielen Auf und Ab Gottes Hand. Schritt für Schritt hat er ihn geleitet, hat ihm verwehrt, was ihm nicht gutgetan hätte, hat ihn abgeschliffen, geprägt. Nein, Josef war nie ein Engel, sondern ein Original mit Ecken und Kanten. Aber er ist heute nicht mehr der Gleiche wie zu Beginn seines Lebens.

Fremde werden Segensträger

Und vor allem: Gott hat ihn gesegnet, nicht nur mit zwölf Söhnen und einer Tochter, sondern auch mit Enkeln und Urenkeln. Diesen Segen möchte er jetzt weitergeben, als eine seiner letzten Handlungen. Und er beginnt interessanterweise nicht mit seinen Söhnen, sondern mit den Enkeln Manasse und Ephraim. Jakob segnet sie nicht nur, er adoptiert sie sogar: „Josef, deine beiden Söhne Ephraim und Manasse, die dir hier in Ägypten geboren wurden, bevor ich ins Land kam, die nehme ich als meine eigenen Söhne an" (1. Mose 48,5). Ausgerechnet die beiden. Sie haben ja nicht einmal eine jüdische Mutter! Trotzdem gibt er ihnen den Segen weiter, den er selbst empfangen hat: „Dieser Gott erweise Ephraim und Manasse Gutes! Sie sollen weitertragen, was er mit Abraham, Isaak und mir begonnen hat! Ihre Nachkommen sollen zahlreich werden und das verheißene Land bevölkern!" (1. Mose 48,16) Anstelle von Ruben wurde den Söhnen Josefs das Erstgeburtsrecht übertragen, lesen wir in 1. Chronik 5,1-2.

Jakob wird zum Propheten

Segnen, jemandem von Gott her Gutes zusprechen, wurde zum Markenzeichen von Jakobs letzten Stunden. Nicht nur seine Enkel Ephraim und Manasse, auch alle seine Söhne segnete er (1. Mose 49,1-28) – einschließlich der problematischen. Kinder, die danebengeraten sind, brauchen den Segen Gottes umso dringender. Nichts spricht dagegen, dass wir auch sie in unsere Segensgebete einschließen. Gott hat noch ganz andere Möglichkeiten als wir. Vielleicht kommt er mit unseren Kindern und Enkeln erst zum Ziel, wenn wir längst Abschied genommen haben.

Jakob spricht prophetische Worte, die sich im Lauf der Geschichte erfüllt haben. Ja, sogar im letzten Buch der Bibel leuchten die Namen der Söhne Jakobs nocheinmal auf, sogar Manasse kommt dort vor (Offenbarung 7,4-8). So läuft Gottes Geschichte über Generationen. Unsere Fehler und Schwächen sind für ihn kein Hindernis – im Gegenteil. Wo wir am Ende sind, beweist er erst recht sein Können.

Samuel

Eine unfreiwillige Pensionierung

1. Samuel 7,15-8,9

Werde ein Segen für alle, die dir begegnen. Du hast einen Auftrag für alle und wäre es nur ein freundlicher Gedanke, ein Gruß, ein stummes Gebet.
Eva von Tiele-Winckler

„Undank ist der Welt Lohn", lautet ein Sprichwort. Das musste auch Samuel, ein Mann Gottes, bei seiner erzwungenen Pensionierung erleben. „Die letzten Tage" des Propheten Samuel – das stimmt in diesem Kapitel nicht ganz. Samuel steht nicht am Ende seines Lebens, er wird „nur" als Richter Israels abgesetzt. Seine zwei wichtigsten Handlungen (die Salbung der ersten beiden Könige Israels) geschahen nach der „Pensionierung", also nicht direkt vor seinem Tod. Trotzdem: Ein böser Absturz war der Verlust seines Amtes allemal. Ein Erlebnis, das seine letzten Tage bestimmt belastete.

„Samuel aber richtete Israel sein Leben lang ... Als aber Samuel alt geworden war, setzte er seine Söhne als Richter über Israel ein ... Aber seine Söhne wandelten nicht in seinen Wegen, sondern suchten ihren Vorteil und nahmen Geschenke und beugten das Recht. Da versammelten sich alle Ältesten Israels und kamen nach Rama zu Samuel und sprachen zu ihm: Siehe, du bist alt geworden und deine Söhne wandeln nicht in deinen Wegen. So setze nun einen König über uns, der uns richte, wie ihn alle Heiden haben.

Das missfiel Samuel, dass sie sagten: Gib uns einen König, der uns richte. Und Samuel betete zum Herrn. Der Herr aber sprach zu Samuel: Gehorche der Stimme des Volks in allem, was sie zu dir gesagt haben; denn sie haben nicht dich, sondern mich verworfen, dass ich nicht mehr König über sie sein soll. Sie tun dir, wie sie immer getan haben, von dem Tage an, da ich sie aus Ägypten führte, bis auf diesen Tag, dass sie mich verlassen und anderen Göttern gedient haben. So gehorche nun ihrer Stimme. Doch warne sie und verkünde ihnen das Recht des Königs, der über sie herrschen wird" (1. Samuel 7,15-8,9).

Man will mich nicht mehr

So etwas kann also auch einem gesegneten Mann Gottes passieren: Plötzlich ist man überflüssig, wird sogar als Hindernis empfunden. Heimlich, hinter Samuels Rücken, wird die Absetzung organisiert. Eines Morgens steht eine Delegation der einflussreichsten Leiter vor der Tür und bittet ihn, sein Büro zu räumen: „Du bist zu alt geworden, um das Volk noch richtig führen zu können" (8,5).

Ein echter Hammer im Leben des alternden Samuel. Da sorgt man ein Leben lang für saubere Verhältnisse im Volk, spricht Recht, ist ständig auf Achse, besucht die

Städte und Dörfer Israels, lehrt, was gut und falsch ist (1. Samuel 7,15-17) – und erlebt sogar einen neuen Aufbruch im Volk (7,12). Gott bestätigt diesen vollen Einsatz: „Gott redete immer wieder zu Samuel und gab ihm Weisungen, die Samuel dem ganzen Volk Israel bekannt machte“ (3,21-22). – Und nun dies! Völlig unerwartet.

Glaube wird nicht vererbt

Oder hat er das Unheil vielleicht kommen sehen? Irgendwann im Lauf seines Lebens muss er eine eigene Familie gegründet haben. Seine Frau wird nirgends erwähnt, auch nicht, ob sie seinen Glauben geteilt und aktiv unterstützt hat. Sicher ist, dass Samuel zwei Söhne hatte: Joel und Abija (1. Samuel 8,3). Und dass es Samuel *nicht* gelungen war, ihnen seine Überzeugung und seine Werte zu vermitteln. „Sie folgten nicht dem Vorbild ihres Vaters, sondern waren nur darauf aus, sich zu bereichern. Sie ließen sich bestechen und beugten das Recht.“ Man glaubt sich in die Zeit seines Vorgängers Eli zurückversetzt, des betagten Priesters in Silo. Samuels Mutter Hanna hatte Samuel, ihren Erstgeborenen, bei Eli abgeliefert und damit ein Gelübde erfüllt (1. Samuel 1,24-28). Samuel wuchs bei Eli auf und beobachtete in dessen Familie genau das gleiche Phänomen, das er jetzt bei den eigenen Söhnen erleben muss. Der Glaube kann nicht vererbt werden. Es kommt der Moment, wo die Kinder selbst Verantwortung übernehmen und eigene Entscheidungen treffen müssen – für Eltern manchmal ein schmerzlicher Prozess.

In den Biografien der Könige Israels findet sich eine hochinteressante Reihenfolge (1. Könige 14-15 und 22,41-51): Rehabeam zeugte Abja – ein *schlechter* Vater einen *schlechten* Sohn. Abja zeugte Asa – ein *schlechter* Vater einen *guten* Sohn. Asa zeugte Joschafat – ein *guter* Vater einen *guten* Sohn. Joschafat zeugte Joram – ein *guter* Vater einen schlechten Sohn. Alle vier möglichen Varianten hintereinander. Thomas Fuller schreibt dazu: „Ich erkenne, Herr: Ein Vater vermacht sein Frommsein nicht seinem Sohn – böse Kunde für mich. Doch ich erkenne auch: Gottlosigkeit ist kein Erbgut – gute Kunde für meinen Sohn."

Ich weiß: Solche Überlegungen sind für betroffene Eltern kaum ein Trost. Und wenn die problematischen Söhne dann noch die Karriere des Vaters zerstören, dann ist Feuer im Dach.

„Gott, was meinst du dazu?"

Typisch Samuel. Der Mann, der ein Leben lang mit Gott im Gespräch war, nimmt auch jetzt, in dieser Notsituation, Zuflucht bei ihm (8,6). „Was soll ich tun?" Vielleicht hat er gehofft, der Herr würde ihm den Rücken stärken, damit er mit neuer Autorität den Ältesten Israels entgegentreten könnte. Aber das Gegenteil geschieht: „Gehorche ihrer Stimme!", sagt ihm Gott gleich zweimal (Verse 7 und 9) Zu allem Übel wird er nun auch von dem Gott fallen gelassen, dem er jahrzehntelang gedient hat. Das ist tragisch.

Damit Samuel diese bittere Pille leichter schlucken

kann, schiebt Gott eine Begründung für diese Entscheidung nach: „Sie haben eigentlich nicht dich, sondern *mich* verworfen" (8,7). Auch wenn die Söhne Samuels der willkommene Anlass waren, der Angriff zielt letztlich auf Gott selbst. Ihn, den unsichtbaren König, wollen sie nicht mehr. Ein richtiger König soll ihr neuer Herr sein – „wie ihn alle Heiden haben" (8,5). Das ist die Absetzung Gottes auf „elegante" Art. Samuel, dem die Rückkehr des Volkes zu ihrem rechtmäßigen Herrn ein Herzensanliegen war, muss diese Antwort noch tiefer getroffen haben: Sind denn all meine Bemühungen ins Leere gelaufen?

Machtverzicht

Samuel tritt ab. Nicht nur scheinbar. Er wird nicht zur grauen Eminenz, die im Hintergrund die Fäden in der Hand behält. Auch im Verzicht ist er mir ein Vorbild! Manche, die in christlichen Gemeinden und Werken jahrzehntelang einen gesegneten Dienst getan haben, erkennen den richtigen Zeitpunkt für den Rücktritt nicht. Sie zerstören, was sie aufgebaut haben. Und wenn man sie endlich los ist, bleiben sie in Lauerstellung und geben bei allen möglichen und unmöglichen Gelegenheiten lautstark ihrer Unzufriedenheit Ausdruck.

Nicht so Samuel. Er beschränkt sich auf die *geistlichen* Einflussmöglichkeiten: „Ihr könnt mir nicht verbieten, für euch zu beten und zu lehren, was gut und richtig ist. Ich würde schuldig, wenn ich diesen Grundauftrag vernachlässigte" (12,23). Aber die Exekutivverantwortung gibt er wirklich ab, er mischt sich nicht mehr in Regierungsgeschäfte ein.

Dazu zwei Beispiele: Gott gab ihm den Auftrag, den ersten König zu salben. Als es dann konkret darum ging, Saul zum König zu machen, ruft Samuel zwar das Volk noch einmal zusammen, aber er beeinflusst die Entscheidung nicht, so im Stil von: „Dies ist der Mann, den der Herr als König erwählt hat." Er lässt das Volk selbst entscheiden. Und als nach mehreren „Wahlgängen" (durch Losentscheid!) Saul schließlich als Person feststeht, muss man ihn zuerst suchen (10,21-22). Also nichts von „einfädeln" oder aus dem Hintergrund steuern!

Als Saul später von Gott als König verworfen wurde, konnte Samuel ihn nicht einfach absetzen. Er hatte ja keine Regierungsvollmacht mehr. Er teilte ihm lediglich Gottes Beschluss mit (13,14) und salbte David in Gottes Auftrag zum neuen König (16,13) – um dann jahrelang mit ansehen zu müssen, wie sich Saul mit Händen und Füßen an sein Amt klammerte und nicht abtreten wollte. Als sich David auf der Flucht vor Saul zu Samuel rettete, schickte dieser ihn wieder weg (20,1), er konnte ihn nicht schützen.

Das letzte Wort spricht Gott

Auch wenn für Samuel mit dem Besuch der Ältesten Israels eine Welt zusammengebrochen war: Entscheidend ist sein „Lebenswerk", die Gesamtbilanz. Der Schöpfer ist die höchste und unbestechlichste Instanz. Er wird einmal beurteilen, ob ein Leben (auch unser Leben!) die

Resultate gebracht hat, für die er es geschaffen hatte. Es wird ein absolut gerechtes Urteil sein, denn er kennt nicht nur unsere Gaben und Grenzen genau, sondern auch unsere Gedanken und Motive.

Wie sieht das Leben Samuels im Gesamtzeugnis der Bibel aus? Wir finden seinen Namen noch viermal. Jeremia nennt ihn in einem Atemzug mit Mose (Jeremia 15,1) – was für ein Kompliment! Petrus und Paulus erwähnen ihn in einer Predigt (Apostelgeschichte 3,24 und 13,20). Und im berühmten Kapitel der „Glaubenshelden" des Alten Testaments (Hebräer 11) gehört er zu den 16 Personen, die die Brücke vom alten zum neuen Volk Gottes schlagen.

Samuel hatte eine wichtige Scharnierfunktion: Er markierte den Übergang von der chaotischen Richterzeit zum Königreich Israel. Er war ein vollmächtiger Vertreter des Herrn in seinem Volk, der unerschrocken für Gottes Sache eintrat. Es gelang ihm während eines langen Lebens, Gott treu zu sein und ein Beispiel zu setzen, dass sich ein Leben nach den Geboten Gottes lohnt.

Auch wenn sein Abgang von der großen Bühne nicht ohne Nebengeräusche verlief: Gott hatte ihn gebraucht und gesegnet. Und sogar, was ihm nicht optimal gelungen war, kann uns helfen, unsere eigenen Schattenseiten in einem anderen Licht zu sehen.

Barsillai

Alt und kraftlos — 2. Samuel 19,32-41

*Liebevolle Demut ist eine gewaltige Macht,
die stärkste von allen, und es gibt keine andere,
die ihr gleichkäme.*
Fjodor Dostojewski

Wir können nicht nur von den strahlenden Helden lernen, denjenigen, die vor (Glaubens-)Kraft und Visionen strotzten, sondern auch von den eher Unauffälligen: Barsillai besaß die wichtige Fähigkeit zu sehen, wo seine Möglichkeiten endeten – und das zu akzeptieren.

Das Leben war eigentlich gelaufen

Nichts deutete darauf hin, dass es noch einmal richtig spannend werden könnte. Und Barsillai war der Letzte, der sich nach Abwechslung sehnte. „80 Jahre bin ich nun schon alt und es fällt mir schwer, klare Gedanken zu fassen", sagt er zu einem Freund. „Ich schmecke kaum noch, was ich esse oder trinke, und den Gesang der Sänger und Sängerinnen höre ich nicht mehr gut." Nein, das Leben mit seiner Vielzahl von Überraschungen lag hinter ihm. Jetzt galt es, sich auf den Abschied vorzubereiten: „Ich möchte in meine Heimatstadt zurückkehren und dort sterben“ (2. Samuel 19,36 und 38).

Wäre da nicht Absalom gewesen. Dieser Sohn von König David hatte soeben seinen Vater abgesetzt und sich selbst zum König ausgerufen. Jahrelang hatte sein Vater ihn geächtet, gedemütigt, ihm das Gespräch verweigert. Nun war Schluss damit. Jetzt wollte er sagen, wo's langgeht!

Großzügig

David wich der direkten Konfrontation aus. Er wollte kein weiteres Blutvergießen in der eigenen Familie. Sein Sohn Amnon hatte seine Halbschwester Tamar vergewaltigt, sein Halbbruder Absalom ließ ihn deshalb umbringen. David floh mit denen, die ihm die Treue hielten, Richtung Jordan. Denn darin hatte er Übung. Schon als junger Mann hatte er sich jahrelang in der Wüste und in Höhlen verstecken müssen, weil König Saul ihn töten wollte. Und nun, 40 Jahre später, war er wieder auf der Flucht. Als die Schar der Flüchtlinge schließlich völlig erschöpft den Jordan erreichte, wurden sie von einer Dreierdelegation aus dem Ostjordanland empfangen: „Schobi, Machir und Barsillai brachten David und seinen Männern Schlafmatten mit, Töpfe und Schüsseln, Weizen, Gerste, Mehl, geröstete Getreidekörner, Bohnen und Linsen, Honig, Butter und Käse sowie einige Schafe und Ziegen. Denn sie dachten: Bestimmt sind sie hungrig, durstig und erschöpft von ihrem Marsch durch die Wüste“ (2. Samuel 17,27-29).

Das war Balsam für die erschöpften Flüchtlinge. David gewann neuen Mut, ordnete seine Mannschaft und machte sich zum Kampf bereit. Denn inzwischen hatte sie die Nachricht erreicht, dass Absalom zum Letzten entschlossen war. Sein Vater musste weg, Absalom wollte der alleinige Herrscher in Israel sein. Er machte sich an die Verfolgung – und erlitt überraschend eine Niederlage. Ja, er fiel in der Schlacht. David konnte nach Jerusalem zurückkehren.

„Ich mag nicht mehr!“

Auf David hatte es Eindruck gemacht, wie selbstlos ihn die drei Ausländer versorgt hatten. Das war für ihn nicht nur eine willkommene Verpflegungspause gewesen. Er sah dahinter Gottes Hand, die ihn vor bald 40 Jahren zum König gemacht hatte. Was sich Absalom getraut hatte, war für David nie eine Option gewesen. Er hatte seinen Vorgänger als König stets respektiert und Gewalt als Mittel, um selbst an die Macht zu kommen, stets verworfen. Jahrelang musste er warten, bis seine Stunde gekommen war. Auch jetzt, wo der eigene Sohn ihn verdrängen wollte, wusste er sich in Gottes Hand. „Wenn der Herr Erbarmen mit mir hat, bringt er auch mich eines Tages wieder an die Macht. Wenn er aber sagt: ‚Du sollst nicht länger König sein‘, so will ich auch das annehmen. Er soll mit mir tun, was er für richtig hält“ (2. Samuel 15,25-26). Der Besuch von Schobi, Machir und Barsillai war für ihn eine Bestätigung Gottes, dass seine Zeit noch nicht abgelaufen war. Dieser

Hinweis auf die tatsächlichen Machtverhältnisse gab dem verunsicherten König neuen Mut.

Barsillai begleitete David auf seinem Weg zurück nach Jerusalem – bis zum Jordan. Als er sich von ihm verabschieden wollte, machte ihm David ein verlockendes Angebot: „Komm mit mir nach Jerusalem an meinen Hof! Es wird dir dort an nichts fehlen." Wer möchte so ein Angebot nicht annehmen! Doch Barsillai lehnte ab. Das Leben hatte ihn genug verwöhnt, er war ein reicher Mann geworden. „Nein, deine Einladung kann ich nicht annehmen. Ich will dich nur noch über den Jordan begleiten, dann lass mich in meine Heimatstadt zurückkehren und dort sterben, wo schon mein Vater und meine Mutter begraben sind" (19,37-38). Ist das Resignation? Oder ist es die realistische Einschätzung eines 80-Jährigen, der gelernt hat, mit seinen abnehmenden Kräften umzugehen?

Kraft und Zerfall

Salomo schildert in Prediger 12,1-5 den natürlichen Zerfallsprozess, dem alte Menschen unterworfen sind: „Für jeden kommen beschwerlichere Tage, an denen du keine Freude mehr hast. Dann wird selbst das Licht immer dunkler. Deine Hände zittern, deine starken Beine werden schwach. Die Zähne fallen dir aus. Deine Ohren können den Lärm auf der Straße nicht mehr wahrnehmen und deine Stimme wird immer leiser. Schon frühmorgens beim Zwitschern der Vögel wachst du auf, obwohl du ihren Gesang kaum noch hören kannst. Du fürchtest dich vor jeder Steigung und hast Angst, mühsam schleppst du dich durch den Tag und deine Lebenslust schwindet. Dann trägt man dich in deine ewige Wohnung und deine Freunde laufen trauernd durch die Straßen."

Nicht alle erleben das Altwerden so negativ. Der Gegensatz zu Barsillai ist Kaleb, einer der zwölf Spione, die im Auftrag von Mose das verheißene Land auskundschaften sollten (4. Mose 13-14). Er hatte nicht nur die 40 Jahre Wüstenwanderung heil überstanden. Bei der Eroberung Kanaans kämpfte er an vorderster Front. Nun, als das Land verteilt werden sollte, erinnerte er Josua an Gottes Versprechen, das er ihm vor 40 Jahren gegeben hatte: „Ich bin heute 85 Jahre alt und noch genauso stark wie damals als Kundschafter. Ich habe die gleiche Kraft und kann immer noch kämpfen und Kriegszüge unternehmen. Teile mir das Bergland zu, das der Herr mir damals versprochen hat! Vielleicht wird der Herr mir helfen ... Da segnete Josua Kaleb und erklärte Hebron zu seinem Besitz" (Josua 14,10-13).

Ein 85-Jähriger, der von Kraft und Visionen nur so strotzt. Einer, der nie genug bekommen kann. Er hat Gott ein Leben lang die Treue gehalten, wenn es sein musste, auch gegen den Strom. Mit 85 noch unverbraucht, körperlich und geistlich. So möchte man alt werden, nicht wahr?

Barsillai oder Kaleb?

Es gibt sie beide bis heute, die Barsillais und die Kalebs. Menschen, die schon beim Eintritt ins Rentenalter keine Energie mehr haben, und 90-Jährige, die bei Seniorenwanderungen vorne dabei sind und täglich ihr Kreuzworträtsel lösen.

Wenn Sie wählen könnten: Sie würden bestimmt lieber mit Kaleb als mit Barsillai tauschen! Wer ist schon gerne auf die Hilfe anderer angewiesen? Natürlich gibt es Kraftlose und Kranke, die ihren Zustand selbst verschuldet haben. Wer ohne Rücksicht auf Verluste ständig über seine Kräfte lebt, muss sich nicht wundern, wenn der Körper eines Tages seine Dienste verweigert. Aber Sie kennen mit Sicherheit Menschen, die ein Leben lang für Gott gearbeitet und ihr Bestes gegeben haben. Die – vielleicht wie Barsillai – anderen großzügig geholfen haben und jetzt nicht mehr können und passiv auf ihr Ende warten.

Auf der anderen Seite haben *Kaleb*-Typen kein Recht, sich auf ihre Kräfte und Möglichkeiten etwas einzubilden. Sie sollten nicht verächtlich auf die Barsillais in ihrer Umgebung zeigen, die in ihren Augen zu bequem sind, um noch etwas zu leisten. Dass sie selbst immer noch so energiegeladen ihre Tage gestalten können, ist ein besonderes Geschenk des Schöpfers, das sie zutiefst dankbar stimmen sollte. Irgendwann kommt auch für sie die Zeit, wo sie Abschied nehmen müssen. Das Leben ist unerbittlich. Kräftemäßig befinden wir uns in diesem Lebensabschnitt im Abwärtstrend. Unsere Kraft zerfällt – auch beim Gesündesten. Jeder Mensch wird einmal zu Staub (1. Mose 3,19).

Wiederum sollten die *Barsillai*s nicht neidisch auf die Kalebs sein. Ich muss ein Ja zu *meinem* Zustand finden, zu meinen Kräften, meiner Verfassung. Und wer weiß, ob mir Gott nicht plötzlich einen „David" über den Weg schickt, der jetzt gerade meine Hilfe braucht – und sei es nur ein Stück Brot mit Honig. Für die kleinen Dienstleistungen braucht es keinen Kaleb, da reichen auch die schwachen Kräfte eines Barsillai.

Dankbarkeit für unser Jetzt und die große Freude, von Gott gebraucht zu werden, das macht aus uns glückliche Leute. Wir trauern nicht längst vergangenen Zeiten nach. Wir träumen nicht nur vom Himmel, sondern stehen Gott zur Verfügung – mit den Kräften, die noch vorhanden sind.

David

Späte Rache? 1. Könige 2,1-10

Glücklich ist,
dem vergeben wurde
und der anderen vergeben kann.
Unbekannter Verfasser

In seinen letzten Tagen wird König David unversöhnlich. Als Nachfolger Jesu haben wir andere Wege, um mit Verletzungen umzugehen.

2011 las ich einen Bericht über Billy Graham, den bekannten amerikanischen Evangelisten. Im Alter von 93 Jahren hatte er sein dreißigstes Buch veröffentlicht. Unter dem Titel „Vom Segen der späten Jahre" setzt sich der Baptistenpastor darin mit dem Sinn des Alterns auseinander: „Mein ganzes Leben lang bin ich darin unterrichtet worden, wie man als Christ sterben sollte, aber niemand hat mich gelehrt, wie man in den letzten Jahren lebt!" Graham ist sicher, dass Gott einen Grund dafür hat, wenn er jemanden lange auf Erden leben lässt; es gelte, diesen Sinn zu entdecken und das Leben daran auszurichten. Es geht nicht nur darum, mit Ängsten und zunehmenden Einschränkungen zu leben, sondern in allen Schwierigkeiten innerlich stärker zu werden. Das kann geschehen, indem man den Glauben an Jesus Christus pflegt. Nach seiner Erfahrung kann zum Beispiel die Erinnerung an Gottes Wirken im eigenen Leben enorm ermutigen. (Nachzulesen in ideaSpektrum 45/2011.)

Offene Rechnungen

Wie verbrachte der berühmte König David seine letzten Tage? Was war ihm wichtig, bevor sein Leben zu Ende ging?

Davids letzte Maßnahmen vor dem Sterben geben manche Rätsel auf. Zuerst wollte es mit seiner Nachfolge nicht klappen (1. Könige 1,5-6) – und dann dies! Kurz vor seinem Tod bestellte er seinen Sohn Salomo in den Königspalast. Er hatte ihn schon lange zu seinem Nachfolger bestimmt (1. Chronik 28,5). Bei diesem letzten Gespräch unter vier Augen gab ihm David drei Aufträge: 1. „Lass Joab hinrichten!" 2. „Kümmere dich um die Nachkommen Barsillais!" 3. „Lass Schimi töten!" Dann starb er (1. Könige 2,1-10).

Was für ein Abschied! Stellen Sie sich vor, Ihnen kämen kurz vor dem Tod Menschen in den Sinn, die Ihnen Böses angetan haben. (Und es gab sie bestimmt!) Sie rufen einen Ihrer Söhne und geben ihm den Auftrag, es ihnen heimzuzahlen …

Alte Verletzungen

Nimmt „ein Mann nach dem Herzen Gottes", wie David immer wieder in der Bibel genannt wird (zum Beispiel in 1. Samuel 13,14), *so* Abschied vom Leben? Darf man so sterben?

Davids letzte Handlung scheint ein Auftrag zum Töten gewesen zu sein. Darf sich ein Mann, der jahrzehntelang so offensichtlich unter Gottes Segen gestanden hatte, alles leisten – ohne Konsequenzen? Oder drückt Gott in unseren letzten Lebenstagen, wo wir vielleicht nicht mehr im Vollbesitz unserer Kräfte sind, einfach beide Augen zu?

Immerhin ging es darum, zwei Menschenleben auszulöschen. Einer von ihnen, Joab, hatte David ein Leben lang treu und in großer Loyalität gedient und war wesentlich an Davids militärischen Erfolgen beteiligt gewesen. Der andere, Schimi, hatte David in einer kritischen Situation schwer beleidigt, ja sogar verflucht. Jetzt, Jahre später, sollte er dafür die Quittung erhalten. Wie konnte es zu diesem Absturz kommen?

Vergeben und vergessen?

Der „Fall Joab“, auf den sich David bei seinem Hinrichtungsbefehl beruft, lag sage und schreibe 40 Jahre zurück. Nachdem Saul, der erste König Israels, im Krieg gegen die Philister gefallen war, riefen die Verantwortlichen David zu ihrem neuen König aus. In die Freude über diesen Aufstieg mischte sich die Sorge, dass ein Sohn Sauls die Führung des Volkes für sich beanspruchte. Es kam zu einem jahrelangen blutigen Machtkampf (2. Samuel 3,1). David ernannte seinen Neffen Joab zum Oberbefehlshaber des Heeres. Die Wende trat ein, als Abner, der Heerführer der Gegenpartei, zu David überlief. Joab sah in Abner einen möglichen Konkurrenten, nahm sein

Schwert und tötete ihn. Ähnlich erging es Amasa, dem David Jahre später das Oberkommando übergab. Joab war nicht bereit, diese „Absetzung“ kampflos hinzunehmen, und tötete Amasa mit eigener Hand (2. Samuel 20,4 und 10).

Auf dem Sterbebett wurde klar: David hatte Joabs beiden Morde nie vergessen. Warum er nicht selbst klare Sache gemacht hatte, kann man nur ahnen. In früheren Jahren fühlte er sich Joab gegenüber noch zu schwach. „Ich bin erst vor Kurzem zum König gesalbt worden und besitze noch nicht genug Macht, um gegen meine beiden Neffen Joab und Abischai vorzugehen“ (2. Samuel 3,39). Aber später? Konnte oder wollte er auf den erfolgreichen Heerführer nicht verzichten? Joab hatte ihm auch bei anderer Gelegenheit das Leben schwer gemacht. Als sein Sohn Absalom David abgesetzt hatte, war es zum Kampf gekommen. David hatte seinen Leuten ausdrücklich befohlen, Absaloms Leben zu verschonen. Joab hielt sich nicht daran. Er brachte Absalom eigenhändig um.

Unverheilte Wunden

Die andere Geschichte reichte nicht so weit zurück. Auf der Flucht vor Absalom erhielt der älter gewordene David Besuch von Schimi, einem entfernten Verwandten seines Vorgängers Saul. „Besuch“ ist eigentlich übertrieben. Schimi blieb auf Distanz zu David, bewarf ihn mit Steinen und verfluchte ihn. David reagierte mit erstaunlicher Gelassenheit. Er bremste Abischai und Joab, die

Schimi umbringen wollten: „Ich halte nichts von euren Racheakten! Soll dieser Schimi mich doch beschimpfen! Wenn der Herr es ihm befohlen hat – können wir es ihm dann verbieten?" (2. Samuel 16,10)

Nach der Auseinandersetzung mit Absalom kehrte David als Sieger zurück. Auf dem Weg nach Jerusalem kam ihm Schimi entgegen und entschuldigte sich für sein Verhalten. David vergab ihm großzügig und begnadigte ihn. Begnadigte? Die letzten Worte Davids auf dem Sterbebett sprechen eine andere Sprache: „Er ist schon alt und könnte bald sterben. Sieh zu, dass du ihn so schnell wie möglich hinrichtest." Begnadigung sieht anders aus!

Barmherzigkeit einüben

Je tiefer eine Verletzung ist, umso länger dauert die Heilung. Plötzlich ist jetzt die ganze unverarbeitete Vergangenheit wieder da. Joab und Schimi leben noch – und sollten doch längst tot sein. Nach Davids Überzeugung wenigstens. Deshalb übergibt er seinem Sohn diese beiden schwierigen „Kunden". Bei irgendeinem heidnischen König wäre so ein Verhalten einzuordnen, aber doch nicht bei David! Er selbst hat ja Gottes Barmherzigkeit unzählige Male erfahren und sogar davon gesungen (in Psalm 32 zum Beispiel oder im berühmten Psalm 103). Gilt das alles angesichts des Todes nicht mehr?

Was, wenn *Gott* sich uns gegenüber so verhalten würde? Wenn er uns plötzlich die ganze Vergangenheit wieder anrechnen würde? Begnadigung hat bei Gott eine ganz andere Qualität. Wenn er Sünden vergibt, vergisst er sie (Jesaja 43,25) und versenkt sie definitiv ins tiefste Meer (Micha 7,18-19).

Wir alle haben unsere Wunden und Narben. Sogar ein König wie David erlebte Demütigungen und Verletzungen. Jahrelang konnte er sie großzügig wegstecken. Jetzt, wo sein Leben zu Ende geht, will er sich rächen.

Was aber machen wir mit unseren Verletzungen? Muss man immer und in jedem Fall vergeben? Jesus Christus beantwortete diese Frage nicht nur mit Ja, er lebte das Vergeben vor. Er, der Vollkommene, musste Verletzungen der übelsten Art ertragen: körperliche (am Kreuz) wie seelische (Ablehnung, Verleumdung, Willkür, Triumph der Gegner). Nichts blieb ihm erspart. Was David erlebt hatte, war nichts im Vergleich zu dem, was dem Sohn Gottes auferlegt wurde. Trotzdem blieb Jesus barmherzig, vergebungsbereit bis zuletzt. Seine Jünger warnte er: Wer nicht bereit ist zu vergeben, schadet vor allem sich selbst (Matthäus 18,35).

Ein neues Kapitel

Aber kann man denn seine Seele zwingen? Zwingen nicht. Doch ein Blick in unsere eigene Vergangenheit mit all den „offenen Rechnungen“ sollte uns barmherzig machen.

Vor allem aber haben wir gegenüber David einen großen Vorteil: Wir wissen vom Gekreuzigten. Jesus, der Mann von Golgatha, hat den höchsten Preis bezahlt, damit Schuld nicht verdrängt, sondern definitiv beseitigt werden kann. Die eigene und die fremde. Und wer damit zu ihm kommt, wird nicht nur entlastet – er bekommt auch die Kraft, anderen zu vergeben. Sogar den größten Sündern.

Selbst schaffen wir es nicht. Wer die Kraft des Heiligen Geistes nicht kennt, wird – wie David – plötzlich wieder ins alte Fahrwasser geraten. Wer sich aber mit der eigenen Schuld und den Verletzungen, die uns andere zugefügt haben, an Jesus wendet, darf ein neues Kapitel aufschlagen. Und vor allem: Er geht entlastet in die Ewigkeit.

Daniel

Nur nicht abheben! Daniel 9,1-19

Denn wer da hingibt, der empfängt,
wer sich selbst vergisst, der findet,
wer verzeiht, dem wird verziehen,
und wer da stirbt, der erwacht zum ewigen Leben.
Unbekannter Verfasser,
Franz von Assisi zugeschrieben

Es war der 8. Juni 1980. Wir standen dicht gedrängt und bei strömendem Regen vor dem Bundeshaus in Bern, 10.000 Menschen. Es war der eindrückliche Abschluss des ersten Christustages im Berner Eisstadion, ein mächtiges Zeugnis für die Einheit der Christen in der Schweiz. Ein Parlamentarier hielt die abschließende Kurzbotschaft. Wir hofften auf eine flammende Abrechnung mit der zunehmenden Gottlosigkeit in unserem Land. Doch wir staunten nicht schlecht, als der bekannte Politiker nicht die „Ungläubigen" aufs Korn nahm, sondern uns, die bekennenden Christen. Dabei zitierte er den Propheten Daniel: „*Wir* haben gesündigt, wir sind gottlos gewesen, wir sind von deinen Geboten abgewichen. Wir liegen vor dir mit unserem Gebet und vertrauen nicht auf unsere Gerechtigkeit, sondern auf deine große Barmherzigkeit“ (Daniel 9,5 und 18). Betroffenheit lag über dem Platz. Keine Euphorie im Sinne von „Seht, wie stark wir sind“, sondern Beugung unter das eigene Versagen. Tief beeindruckt traten wir die Heimfahrt an.

Der Prophet Daniel hat sich mir durch dieses Erlebnis tief eingeprägt. Was war das für ein Mann, der trotz großer Erfolge und höchster Ehren bis zum Ende bescheiden blieb?

Ein Hoffnungsträger

Daniel gehörte zu den Privilegierten in Israel. Er war begabt, seine Eltern ermöglichten ihm eine gute Ausbildung, eine glänzende Karriere lag vor ihm. Getrübt wurden seine Zukunftsaussichten als Teenager einzig durch einen alten Propheten. Jeremia hieß er. Immer und immer wieder provozierte Jeremia, manchmal bei den unpassendsten Gelegenheiten. Gott habe ihm den Auftrag gegeben, das Volk zu warnen. Denn so könne es nicht weitergehen. Der lebendige Gott habe sie längst aufgegeben, sagt er. Sie liefen geradewegs ins Verderben und der Zusammenbruch der bestehenden Ordnung sei nur noch eine Frage der Zeit. Die einzige Möglichkeit, das drohende Unheil abzuwenden: Eine radikale Umkehr zu dem Gott, der sich in der Geschichte Israels als der absolut Zuverlässige erwiesen habe. Aber niemand nahm diesen Außenseiter der Gesellschaft ernst. Der König ließ ihn einsperren, wollte ihn mundtot machen. Die schriftlichen Aufzeichnungen des Propheten verbrannte er eigenhändig (Jeremia 36,23).

Eine harte Lektion

Und dann kam jener schreckliche Tag, als sich die Worte Jeremias zu erfüllen begannen. König Nebukadnezar von Babylon zog vor Jerusalem, belagerte und eroberte die Stadt (Daniel 1,1). Daniel und andere Jugendliche aus der Oberschicht gehörten zu den Ersten, die nach Babylon deportiert wurden (Daniel 1,3-4). Im Vergleich zu denen, die einige Jahre später nachkamen, hatten sie noch Glück: Sie wurden für den Dienst am babylonischen Königshof ausgebildet. Auch wenn sie zu den „Gefangenen aus Judäa" (Daniel 2,25) gehörten, konnten sie doch auf ein einigermaßen geregeltes, angenehmes Leben hoffen.

Trotzdem, der Schock saß tief. Gott hatte seine Drohungen wahr gemacht, die er durch Jeremia ausgesprochen hatte. Ein Volk, das sich von Gott löst und eigene Wege geht, bezahlt dafür einen hohen Preis. Die gefährliche Selbstsicherheit der Verantwortlichen rächte sich. 500 Jahre unter Gottes Fürsorge waren jäh zu Ende gegangen. Gott hatte sie fallen gelassen und damit auf eindrückliche Art dokumentiert, dass man den Bogen auch überspannen kann. Diese Lektion steckte Daniel noch im hohen Alter in den Knochen. Und er wusste: Sie hatten diese Lektion verdient (Daniel 9,5-6).

Bescheiden geblieben

Daniel wurde berühmt und blieb doch bescheiden. Diese Kombination ist selten. „Macht verdirbt den Charakter", schreibt Markus Spieker in seinem neuesten Buch

„Gott macht glücklich und andere fromme Lügen". Berühmt werden und auf dem Teppich bleiben – das schafft normalerweise niemand. Daniel und seine Freunde kamen im dritten Regierungsjahr von König Jojakin, also im Jahr 606 vor Christus, nach Babylon (Daniel 1,1). Daniel blieb bis zum ersten Regierungsjahr des Königs Kyrus am babylonischen Königshof (Daniel 1,21). Kyrus eroberte Babylon 539. Somit diente Daniel 67 Jahre (!) in höchsten Regierungsämtern und genoss hohes Ansehen (Daniel 6,29).

Aber Daniel war sich immer bewusst: „Gott ist der Herr der Zeit und bestimmt, was wann geschieht. Er setzt Könige ab und setzt Könige ein" (Daniel 2,21). Ähnlich wie bei Josef in Ägypten bringt es Gott fertig, einen Gefangenen aus Jerusalem in kürzester Zeit in höchste Regierungsämter zu katapultieren (Daniel 2,48).

Aber nicht nur zum Berühmtwerden braucht es Gottes Unterstützung, sondern auch zum „Untenbleiben". Viele sind gescheitert, weil sie mit ihrer Beliebtheit nicht umgehen konnten. Daniel ist eine Ausnahme. Es waren nicht nur seine regelmäßigen Zeiten mit Gott (Daniel 6,11), die ihn vor dem Absturz bewahrten. Gott benutzte auch den Neid und die offene Feindschaft von Kollegen (Daniel 6,5) und eine Nacht bei den Löwen, als er dem Tod Auge in Auge gegenüberstand (6,17), um ihn an die Zerbrechlichkeit seines Erfolgs zu erinnern. Das Wissen über Gottes präzise Planung und Fürsorge hielt ihn bescheiden und erinnerte ihn immer wieder an die tatsächlichen Machtverhältnisse.

Regelmäßiges Gebet

Kennen Sie *einen* bekannten Politiker unserer Tage, der sich jeden Tag bewusst dreimal Zeit zum Beten nimmt (Daniel 6,11) – und sogar in aller Öffentlichkeit dazu steht? Selbst bei „normalen" Gläubigen dürfte die Zahl derer klein sein, die das tun, geschweige denn bei einflussreichen Regierungsmitgliedern. Aber Daniels enge Beziehung zu Gott hatte sichtbare Auswirkungen. Der Herr schenkte Daniel nicht nur die Fähigkeit, Träume zu deuten. Berühmt wurde er auch wegen seiner Visionen. Gott mobilisierte seine Engel und gab Daniel Einblick in Israels Zukunft und seine Pläne mit unserem Planeten.

Gott bleibt nicht stumm, wenn wir auf ihn hören. Daniel erlebte die Rückkehr seines Volkes aus dem Babylonischen Exil selbst nicht mehr. Aber die Gewissheit, dass Gott alles im Griff hatte, erleichterte ihm den Abschied von dieser Erde enorm.

Daniel muss also über 80 gewesen sein, als sein Leben zu Ende ging. „Geh deinen Weg bis zum Ende", sagte ihm der Engel. „Du wirst in der Erde ruhen, doch später wirst du auferstehen und das himmlische Erbe empfangen, das am Ende der Zeit auf dich wartet" (Daniel 12,13). Eine erstaunlich konkrete Aussage für alttestamentliche Zeiten, über 500 Jahre, bevor Jesus kam.

Blick ins „Jenseits"

Haben Sie schon einmal einen Engel gesehen? Ich nicht, wenigstens nicht bewusst. Nur wenigen Menschen ist es vergönnt, schon hier auf Erden einen Blick hinter die Kulissen zu werfen. Daniel gehörte dazu. Diese Einblicke haben ihm selbst aber sehr zugesetzt: „Ich war wie betäubt und wurde kreidebleich" (Daniel 7,28). „Ich war völlig erschöpft und tagelang krank" (8,27). Nach der letzten Vision trauerte er drei Wochen lang (10,2).

Ganz ähnlich erging es einigen Propheten des Alten Bundes oder Johannes in der Offenbarung. Paulus beschreibt den Korinthern (s)eine Entrückung in den dritten Himmel: „Gott allein weiß, ob dieser Mensch leibhaftig oder mit seinem Geist dort war. Er war im Paradies und hörte geheimnisvolle Worte, die auszusprechen einem Menschen nicht zusteht" (2. Korinther 12,2-4).

Daniel hat mit dem Aufschreiben seiner Visionen viel Stoff für Spekulationen geliefert. Die Kirchengeschichte ist voll von Deutungsversuchen und Berechnungsmodellen, sogar von bekannten Bibelauslegern.

Wo sind wir nach dem Tod?

Das Buch des Propheten Daniel schließt mit den Worten: „Du wirst in der Erde ruhen, doch am Ende der Zeit wirst du auferstehen und das himmlische Erbe empfangen" (Daniel 12,12). Auch der Begabteste muss eines Tages abtreten. Frömmigkeit bewahrt nicht vor dem bitteren Ende. Zum Glück nicht! Denn nach dem Tod erleben die Gläubigen ausschließlich positive Überraschungen. Paulus wäre aus diesem Grund sogar gern früher gestorben: „Manchmal würde ich am liebsten schon jetzt sterben, um bei Christus zu sein. Gibt es etwas Besseres?“ (Philipper 1,23) Der Tod ist nicht das Ende des Lebens. Christen freuen sich auf die Auferstehung. Aristides, einem griechischen Schriftsteller aus dem zweiten Jahrhundert, fiel auf, wie so ganz anders Christen aus diesem Leben verabschiedet wurden: „Wenn einer von diesen Christen die Welt verlässt, freuen sie sich und danken Gott. Dann begleiten sie seinen Körper mit Liedern und Dankgebeten, als ob er sich auf die Reise zu einem anderen Ort ganz in der Nähe aufmachen würde.“ Mit der Auferstehung läutet Gott einen völlig neuen Abschnitt ein, der in der Bibel in den schönsten Farben geschildert wird.

Wir werden reich sein

Es überrascht, wie konkret Daniel vom Engel über seine Existenz nach dem Tod informiert wird. Das war im Alten Testament so nicht üblich. „Sich zu den Vätern versammeln“ oder „bei den Vätern ruhen“ war die eher allgemeine Formulierung, wenn einer der Gläubigen Abschied genommen hatte.

Hiob war in seiner Verzweiflung überzeugt, dass es nach dem Tod „ins Land der Dunkelheit und tiefen Nacht geht, ein Land, in dem es keine Ordnungen mehr gibt, wo selbst das Licht nur schwarz ist wie die Nacht“ (Hiob 11,22-23). Oder etwas später: „So ist der Mensch, wenn er stirbt: Er legt sich nieder und steht nie wieder auf. Ja, die Toten werden niemals erwachen, solange der Himmel besteht! Nie wieder werden sie aus ihrem Schlaf erweckt“ (14,12).

Nicht, dass die Schreiber des Alten Testaments geglaubt hätten, mit dem Tod wäre alles aus. Aber sie starben ohne konkrete Vorstellung über das Leben danach. „Lediglich aus der Ferne haben sie etwas davon gesehen und sich darüber gefreut“ (Hebräer 11,13-16).

Von Mose heißt es, dass für ihn alle Schätze Ägyptens nicht so viel wert waren wie Schimpf und Schande, die er für Christus (!) auf sich nahm. Denn er wusste, wie reich Gott ihn belohnen würde (Hebräer 11,26).

Der Prophet Jesaja machte sich über die Großen dieser Welt lustig, wenn sie im Totenreich ankamen und dort auf alte Bekannte stießen: „Die Welt der Toten ist in Aufregung. Gespannt erwartet man dort unten deine Ankunft. Frühere Herrscher, die nun dort als Schatten leben, sind aufgeschreckt, Könige, die längst im Reich der Toten sind, erheben sich von ihren Thronen. Sie begrüßen dich mit einem Spottlied: ‚Nun hat auch dich die Kraft verlassen, jetzt geht es dir wie uns! Dahin ist deine Pracht, du nahmst sie mit ins Grab. Die Musik deiner Harfenspieler ist verstummt. Nun liegst du auf einem Bett von Maden und Würmer decken dich zu.‘“ (Jesaja 14,9-11)

Erst mit Jesus wurden die Vorstellungen präziser. Er musste es ja wissen, denn er kam von „drüben“, aus der unsichtbaren Welt. Seine Kritiker belehrte er, dass er schon vor Abraham existierte (Johannes 8,58). Und er kannte ihn persönlich. Abraham, Isaak und Jakob waren für ihn nicht nur historische Größen. Sie lebten noch, obwohl sie längst gestorben waren. So belehrte er die damaligen liberalen Theologen: „Was nun die Auferstehung der Toten betrifft: Habt ihr nicht in der Heiligen Schrift gelesen, wie Gott sagt: ‚Ich bin der Gott Abrahams, Isaaks und Jakobs'? Er ist aber nicht ein Gott der Toten, sondern der Lebenden" (Matthäus 22,31-32). Und kurz vor seinem Tod traf sich Jesus auf einem hohen Berg mit zwei Männern, die ebenfalls schon längst gestorben waren: Mose und Elia. Mit ihnen redete er über den letzten Abschnitt seines irdischen Lebens (Lukas 9,31).

In einem Gleichnis erwähnt Jesus die Ankunft von Lazarus in der Herrlichkeit. Engel nahmen ihn in Empfang, Abraham kümmerte sich um ihn (Lukas 16,22). Nichts von „mit dem Tod ist alles aus". Es geht nahtlos weiter, wenn auch unter etwas anderen Bedingungen.

Daniel, der letzte der „vier großen Propheten", wird durch Michael, den Engelfürst für das Volk Israel (12,1), nicht nur über die Zukunft der Welt, sondern auch über seine persönliche Zukunft informiert: „Du aber geh deinen Weg bis zum Ende! Du wirst in der Erde ruhen, doch später wirst du auferstehen und das himmlische Erbe empfangen, das am Ende der Zeit auf dich wartet" (12,13). Kein ängstliches „Hoffentlich reicht's", sondern die freudige Gewissheit: Die Zeit, die er in der Erde ruhen muss, ist begrenzt. Die Auferstehung folgt am Ende der Zeit. Dann beginnt für ihn ein ganz neuer Abschnitt.

Auch informiert ihn der Engel, dass sein vorbildliches Leben konkrete Folgen in der Herrlichkeit haben wird.

Er wird erben können, ernten, was er gesät hat. Paulus greift diesen Gedanken im Neuen Testament wieder auf, wenn er von einem unvorstellbaren, herrlichen Erbe spricht, das auf uns wartet. „Weil wir zu Christus gehören, hat Gott uns schon im Voraus als seine Erben eingesetzt. Er öffne euch die Augen, damit ihr seht, wozu ihr berufen seid, worauf ihr hoffen könnt und welch unvorstellbar reiches Erbe auf alle wartet, die zu Gott gehören" (Epheser 1,11+18).

Dieses Erbe ist nicht die Bezahlung unserer Leistungen. Die Freude darüber, dass Gott aus meinem Leben mehr machte, als ich je erwarten konnte, ist Belohnung genug. Was uns „drüben" erwartet, übersteigt all unsere Vorstellungen bei Weitem. Denn die in Aussicht gestellte Erbschaft stammt von dem Herrn, der über unbegrenzte Ressourcen verfügt. Deshalb dürfen wir uns schon jetzt darauf freuen.

Hanna

Von Gott vergessen? Lukas 2,36-38

Vielleicht bin ich nichts als ein alter Uferstein, den die Flut deiner Gnade
nur einmal im Leben erreicht.
Vielleicht wird es später einmal Gnade gewesen sein,
diese Flut immerfort erwartet zu haben.
Isolde Lachmann

Sie ist eine unscheinbare Frau aus einem unbedeutenden Stamm. Und es dauert über 80 Jahre, bis ihr entscheidender Moment kommt: Hanna begrüßt den Messias, ein kleines Kind.

„An diesem Tag hielt sich auch die alte Prophetin Hanna im Tempel auf, eine Tochter Phanuëls aus dem Stamm Asser. Sie war nur sieben Jahre verheiratet gewesen, seit langer Zeit Witwe und nun eine alte Frau von vierundachtzig Jahren. Hanna verließ den Tempel nur noch selten. Um Gott zu dienen, betete und fastete sie Tag und Nacht. Während Simeon noch mit Maria und Josef sprach, trat sie hinzu und begann ebenfalls, Gott zu loben. Allen, die auf die Befreiung Jerusalems warteten, erzählte sie von diesem Kind."

Was für ein Schicksal!

Man könnte bitter werden. Da freut man sich auf seine Hochzeit und auf möglichst viele Kinder. Und dann dies. Sieben Jahre nach der Hochzeit stirbt der Mann. Ob Kinder da waren, wissen wir nicht. Sicher ist, dass Hanna nicht mehr geheiratet hat. 60 lange Jahre allein. Nein, so hatte sie sich das Leben nicht vorgestellt. Wollte sie keiner mehr oder hat sie freiwillig auf eine zweite Ehe verzichtet?

Ein Jahrzehnt nach dem anderen ging ins Land. Und nun ist sie alt geworden, für damalige Verhältnisse uralt. Für eine Witwe ohne Kinder bedeutete das auch Existenzsorgen. Weit und breit keine Lebensversicherung, keine Rente, nichts. Sie löste das Problem auf sonderbare Weise: „Sie verließ den Tempel nur noch selten. Um Gott zu dienen, betete und fastete sie Tag und Nacht." Sieht so ein erfülltes Leben aus?

Eine Prophetin

Was macht eine Frau, die mit 25 schon Witwe ist? Unser Text nennt einige interessante Details, die das Leben dieser besonderen Frau prägten. Prophetin sei sie gewesen. Eine höchst seltene „Berufsbezeichnung" für eine Frau. Im ganzen Alten Testament waren es gerade mal vier Frauen, die so bezeichnet wurden. Auch im Neuen Testament ist Hanna fast die Einzige. Die vier Töchter des Evangelisten Philippus redeten prophetisch (Apostelgeschichte 21,9) und in Korinth kam es vor, dass Frauen prophetisch redeten (1. Korinther 11,5).

Wie wird man Prophet(in)? Nicht durch eigene Wahl. Es ist kein Beruf, den man erlernen kann. Der Prophet Amos sagte von sich, er sei eigentlich gar kein Prophet. „Aber der Herr holte mich von der Herde weg und redete mit mir“ (Amos 7,15). Jeremia tat sich ein Leben lang schwer mit dem Auftrag, den Gott ihm gegeben hatte.

Propheten werden von Gott selbst ausgesucht und mit einer Botschaft „belastet“, die sie dem Volk weitergeben sollen. Sie stellen eine Verbindung her zwischen dem „Gesundheitszustand“ des Volkes und den tieferen Ursachen. „Dass es euch so schlecht geht, ist kein Zufall, sondern eine Folge eurer Gottlosigkeit.“

Propheten waren keine populären Verkündiger, auf die die Welt gewartet hatte. Jeremia beschwerte sich bei Gott: „Einsam bin ich geworden, weil du mir eine so harte Botschaft anvertraut hast. Ich selber hätte diesen Auftrag nie gesucht, du hast mich überredet!“ (Jeremia 20,7)

Unbedeutend und farblos

Erstaunlich, dass Hanna zur Prophetin wurde. Denn sie kam aus Asser, einem völlig unbedeutenden Stamm in Israel, im äußersten Nordwesten Israels, weit weg von Jerusalem. Nirgends sonst im Neuen Testament wird er erwähnt, berühmte Leute suchte man in Asser vergeblich. Ihr Vater Phanuël wird zwar mit Namen genannt, ist sonst aber völlig unbekannt. Alles in allem eine ganz gewöhnliche Frau mit einem schweren Los.

Was machte eine 25-Jährige in dieser männerbestimmten Gesellschaft, die plötzlich ihr Leben wieder selbst in die Hände nehmen musste? Der frühe Tod ihres Mannes eröffnete Hanna die Möglichkeit, sich noch einmal neu zu orientieren. Nicht Trauer und Schmerz sollten ihr Leben bestimmen. Gott musste sich doch etwas gedacht haben, als er ihr ihren Mann nach sieben Jahre Ehe so plötzlich entriss. Also richtete sie sich noch intensiver auf Gott aus, nahm sich Zeit zum Gebet. Sie hörte seine Stimme und wurde zum Sprachrohr Gottes für ihre Umgebung. Jetzt, mit 84, lebte sie in Jerusalem, genauer: im Tempel. Dort, wo für die Juden Gott zu Hause war.

Und sie war da, als *er* kam, der Messias. Er musste noch getragen werden, war er doch erst fünf Wochen alt. Äußerlich hat man ihm wohl nichts angesehen, ein Baby wie jedes andere auch. Seine Eltern gehörten sogar zur unteren sozialen Schicht. Für die „Auslösung" ihres Erstgeborenen brachten sie nur das Opfer der armen Bevölkerung: zwei Tauben (Vers 24, vgl. 3. Mose 12,8).

Durch Hannas tägliche Anwesenheit im Tempelgelände kannte sie den Routinebetrieb, das Außergewöhnliche fiel sofort auf. So bemerkte sie wohl, dass der alte Simeon zielstrebig auf eine junge Familie zuging. Simeon, ein Mann voll Heiligen Geistes und voller Sehnsucht, dass der Retter Israels endlich kommen möchte. Gott hatte ihm sogar die Gewissheit geschenkt, dass er erst sterben würde, wenn er Christus, den Herrn, gesehen hatte (Vers 26). War heute vielleicht der Tag X, auf den die Frommen des Volkes so lange gewartet hatten? Man musste schon einen besonderen Draht zu Gott haben, um in diesem kleinen Kind den Messias zu sehen. Simeon und Hanna hatten ihn – und waren nach den Hirten und den Weisen zwei weitere Zeugen dafür, dass Gott seinen Fuß auf die Erde gesetzt hatte.

Den Einsatz nicht verpassen

Man schrieb den 5. Dezember 1998. Wir saßen im Stadtcasino von Basel und genossen die fünfte Symphonie von Beethoven, meisterhaft gespielt von der Südwestdeutschen Philharmonie Konstanz. Während des Konzerts fiel mein Blick auf eine Frau mitten im Orchester, die keinen Finger rührte. Passiv, so schien es mir, verfolgte sie das Geschehen um sich herum. Bis ihr Auftritt kam. Erst in den letzten fünf Minuten war *sie* dran. Sie nahm ihre Piccoloflöte und spielte einen wunderschönen Part. Eine winzige Flöte gegen 60 andere Instrumente – hörte man die überhaupt? Und wie! Ihre hohen Töne gaben der Klangfülle der fünften Symphonie noch eine neue Note.

Ich musste an Hanna denken. 84 Jahre dauerte es, bis sie dran war. Nein, es war keine passive oder depressive Zeit. Sie suchte den tieferen Sinn hinter ihrem schweren Schicksal. Nur nicht warten, bis das Leben endlich zu Ende ging. „Was mache ich aus dem Rest meines Lebens?“ Sie wandte sich an die richtige Adresse: an den Schöpfer persönlich, der ihr das Leben und einen Mann geschenkt hatte. Nur sieben kurze gemeinsame Jahre waren ihnen vergönnt gewesen. „Gott, was hast du dir dabei gedacht?“

Durch diese Gespräche mit dem Schöpfer wurde sie

zur Prophetin. Und als Prophetin gehörte sie unvermittelt zum spontanen „Begrüßungskomitee, als der Messias in den Tempel gebracht wurde. Zwölf Jahre später war er zum zweiten Mal hier. Und gegen Ende seines Lebens wurde der Tempel zum Zentrum seines Wirkens. Dort verkündete er das Reich Gottes, dort diskutierte er mit seinen Gegnern, dort jagte er die Händler hinaus. Aber zu diesem Zeitpunkt hatten Hanna und Simeon längst ihr Ziel erreicht.

Wie kommt Hanna in die Bibel?

Zur richtigen Zeit am richtigen Ort sein: Bis heute ist das Gottes geheimnisvolle Strategie, um diese Welt zu verändern. Petrus an Pfingsten, Philippus und der Kämmerer, Hananias in Damaskus, Paulus in Philippi. So entstehen neue Geschichten, die auch noch späteren Generationen erzählt werden.

Hanna, eine unscheinbare Frau aus einem unbedeutenden Stamm: Sie hat trotz ihres tragischen Schicksals den Weg ins Lukasevangelium gefunden. Nicht, weil sie das Rampenlicht gesucht hätte, sondern weil sie gelernt hatte, auf Gottes Stimme zu hören und seinen Willen zu tun.

Vermutlich würde sie es auch heute nicht in die Schlagzeilen schaffen. Aber Gott hat andere Maßstäbe des Erfolgs. Auch andere „Unbedeutende“ fanden den Weg in die Bibel, obwohl sie nie damit gerechnet hatten. Das Reich Gottes wird nicht (nur) durch große Namen ausgebreitet. Es ist die Schar der Unbedeutenden, die einen mindestens ebenso wichtigen Anteil daran haben.

Ein Verbrecher

Rettung in letzter Minute — Lukas 23,39-43

Wir sind noch nicht im Festsaal angelangt,
aber wir sind eingeladen.
Wir sehen schon die Lichter
und hören die Musik.
Ernesto Cardenal

Sie haben eine zweifelhafte Berühmtheit, die beiden Verbrecher, die zusammen mit Jesus gekreuzigt wurden. Das Leben eines der beiden nahm ein überraschendes Ende, wie Lukas berichtet.

Das hätte er sich bei seiner Hinrichtung wohl nie träumen lassen, dass er noch nach 2000 Jahren ein Thema wäre. Wir kennen keine Details, warum der Mann am Kreuz hing, nicht einmal seinen Namen. „Räuber", „Straßenräuber" oder „Verbrecher" werden die beiden bei Matthäus und Markus genannt. Lukas braucht als „Berufsbezeichnung" ein anderes Wort: „Übeltäter", der Sammelbegriff für einen, der sich etwas hat zuschulden kommen lassen.

Es ist denkbar, dass die beiden links und rechts von Jesus zu den Zeloten gehörten, einer jüdischen Widerstandsgruppe, die für die Vertreibung der Römer aus Israel kämpften. Barabbas, den Pilatus anstelle von Jesus freigelassen hatte, „saß im Gefängnis, weil er an einem Aufstand in Jerusalem beteiligt gewesen war“ (Lukas 23,19). Vielleicht gehörten die beiden am Kreuz zur gleichen Gruppe.

Woher wusste Lukas mehr?

Die Kreuzigung war eine der brutalsten Hinrichtungsmethoden. Die Römer gingen damit relativ locker um. Nichts von zeitraubenden Gerichtsverfahren. Der jüdische Geschichtsschreiber Josephus berichtet, dass bei der langen Belagerung und der Zerstörung Jerusalems 40 Jahre später Juden zu Hunderten gekreuzigt wurden.

Wir haben also keine Ahnung, ob die beiden, die links und rechts neben Jesus hingen, Schwerverbrecher oder aktiv am Kampf gegen Rom beteiligt waren, ob sie Diebe oder Mörder waren oder sich etwas anderes hatten zuschulden kommen lassen. Gerecht oder ungerecht, nun hingen sie da, das definitive Ende ihres Lebens vor Augen.

Alle vier Evangelisten erwähnen die beiden Verbrecher links und rechts von Jesus, Johannes aber nur in einem Nebensatz. Nach Matthäus und Markus verspotteten beide Jesus. Nur Lukas weiß mehr. Dabei war auch er auf Golgatha nicht anwesend, als es passierte. Woher wusste Lukas von der späten Reue des einen? Lukas beschreibt am Anfang des Evangeliums, dass er seine Informationen aus verschiedenen Quellen zusammengetragen habe (Lukas 1,3). Sicher reiste er für seine Recherchen auch zu Maria, der Mutter von Jesus. Sie stand ja selbst unter dem Kreuz und prägte sich jedes

Detail genau ein. So muss ihr die Veränderung des einen Kriminellen aufgefallen sein.

Noch drei Stunden zu leben

Was macht man, wenn man nur noch drei Stunden zu leben hat? Uns begegnen auf Golgatha zwei ganz gegensätzliche Verhaltensweisen, die vielleicht typisch sind für viele Menschen. Der eine Verurteilte macht seinem Frust, ja seiner Verzweiflung Luft, indem er Jesus ein Wunder vorschlägt: „Wenn du der Christus bist, dann hilf dir selbst und uns!" (Lukas 23,39)

Auch der andere wendet sich Jesus zu, aber nicht in vorwurfsvollem Ton, sondern als Bittsteller. Er nützt seine letzte Chance, steht zu seinem Versagen („wir beide haben den Tod verdient") und bittet Jesus, an ihn zu denken, „wenn du in dein Reich kommst".

Warum wusste der Verbrecher, dass Jesus auch für so eine heikle Situation zuständig ist? Wer hatte ihm von dem „Reich" erzählt, in das Jesus jetzt zurückkehrte? Das sind doch Begriffe, die aufhorchen lassen. Hatte er ihn in den letzten drei Jahren irgendwo schon einmal gehört, vielleicht heimlich beobachtet und bewundert – und sich dann doch auf die Seite der Gewaltbereiten geschlagen? Wir wissen es nicht. Aber nun steht er vor der brutalen Situation, dass sein Leben in wenigen Stunden ausgelöscht sein wird. Warum soll er nicht den einzigen Strohhalm ergreifen, der ihm noch geblieben ist? Verlieren kann er ohnehin nichts mehr. Das Leben ist gelaufen, der Kampf vorbei.

Wo sind wir nach dem Tod?

Unser Text ist eine der seltenen Stellen, die Auskunft darüber geben, was unmittelbar nach unserem Tod geschehen wird. Und wenn einer kompetent Auskunft über diese letzten Fragen geben kann, dann Jesus. Er kennt sich ja „drüben" aus. Ostern ist er sogar von den Toten noch einmal zurückgekommen, damit es keine Zweifel mehr geben muss, was uns erwartet. Ja, Jesus weiß Bescheid. Und wenn wir uns in unserer Ratlosigkeit und Verzweiflung angesichts des Todes an ihn wenden, dann sind wir bei ihm an der richtigen Adresse.

Jesus ist eindeutig: kein Schlaf, kein Dämmerzustand, keine Ungewissheit. Wer sich an ihn hängt, landet unmittelbar nach dem Tod („heute") im Paradies – in Gottes Gegenwart. Paradies meint wörtlich einen umgrenzten Bereich, einen geschützten Garten. Es ist eine Art Zwischenzustand bis zur Auferstehung. Wer Jesu Angebot eines neuen Lebens bewusst ablehnt, landet im Totenreich, wer ihm vertraut, im Paradies. Alle Menschen, die je gelebt haben, werden einmal auferstehen, ob sie nun begraben, verbrannt oder von den Löwen (zum Beispiel im Kolosseum in Rom) gefressen wurden – die einen zum ewigen Leben, die anderen zum Gericht.

Wie viel Schuld wird vergeben?

Noch eine andere, brennende Frage muss uns beschäftigen: Darf Jesus einfach so vergeben und dem anderen das Paradies versprechen? Egal, was der andere auf dem Kerbholz hat? Und wie steht es mit den Menschen, die er verletzt, vielleicht sogar getötet hat? Ist das „heute ins Paradies“ nicht zu einfach?

Die Menschen haben zu diesem Thema viel erfunden. Buddhisten und Hindus lösen das Problem mit einer besseren oder schlechteren Existenz in einem künftigen Leben. Dante Alighieri (1265-1321) beschrieb in seinem berühmten Werk „La divina commedia“ das Fegefeuer mit sieben Bußbezirken, in dem die Menschen zuerst abbüßen müssen, was sie falsch gemacht haben, bevor sie die Chance zu einer besseren Existenz erhalten.

Jesus ist da viel großzügiger: Nichts von Abbüßen oder Wiedergutmachen. Er verspricht einem Verbrecher kurz vor seinem Tod den direkten Einzug ins Paradies.

Schon während seines öffentlichen Wirkens hat er betont, dass „der Menschensohn Vollmacht hat, auf Erden die Sünden zu vergeben“ (Matthäus 9,6). Als Beweis für seine Vollmacht heilte er den Gelähmten, dem er vorher seine Sünden vergeben hatte. Die Auferstehung am Ostermorgen war die Bestätigung des Vaters im Himmel, dass Jesus Sünden vergeben durfte und darf. Denn das Kreuz von Golgatha war nicht das tragische Ende eines guten Menschen, sondern der Höhepunkt seines Wirkens. Mit seinem Tod hat Jesus den Preis für unsere Fehlleistungen bezahlt. Gott hat ihn autorisiert. Jesus hat das Recht, jede Sünde zu vergeben – „große“ wie „kleine“.

Gibt es für alles Vergebung?

In den Nürnberger Kriegsverbrecherprozessen 1945-46 wurde ein Seelsorger eingesetzt, der die 15 schlimmsten

Verbrecher des Dritten Reiches, die noch am Leben waren, auf ihrem letzten Weg bis zur Hinrichtung begleiten sollte. Henry Gerecke, ein amerikanischer Pfarrer, führte in diesen Wochen Hunderte von Gesprächen in den Gefängniszellen. Einzelne Angeklagte zeigten Reue, bekannten ihre Sünden und nahmen sogar am Abendmahl teil, andere weigerten sich bis zuletzt. Henry Gerecke wurde für diese Arbeit im Hintergrund von Christen schwer angegriffen, die nicht verstanden, wie man solchen Verbrechern beistehen konnte.

Gibt es für alles Vergebung, wenn man sich an Jesus wendet? Auch für die schlimmsten Vergehen? Ist das nicht ein Affront gegen alle, die sich ein Leben lang um ein sauberes Leben bemüht haben? Der Prophet Hesekiel schreibt in Gottes Auftrag: „Wenn aber ein Mensch, der mich verachtet hat, sich von seinem gottlosen Leben abwendet und von nun an für Recht und Gerechtigkeit eintritt, dann rettet er sein Leben" (Hesekiel 18,27). Das ist eine gute Nachricht für schlechte Menschen. Bei Jesus gibt es keine hoffnungslosen Fälle. Dieses wunderbare Angebot darf aber kein Ruhekissen sein, die Hinwendung zu Jesus Christus bis zum letzten Augenblick aufzusparen. Denn niemand weiß, wann sein letzter Tag kommt – und ob er dann überhaupt noch in der Lage ist, klare Entscheidungen zu treffen.

Nichts hab ich zu bringen

Das Neue Testament ist voller Hinweise, dass das Leben der Christen Auswirkungen im Alltag haben soll. Durch die intensive Verbindung mit Jesus entsteht Frucht. Noch in der Ewigkeit werden Spuren davon sichtbar sein. Ich werde genießbar, andere können davon profitieren, dass es mich gibt. Ich mache ihr Leben einfacher, schöner, weil ich von einer unsichtbaren Kraftquelle Nachschub erhalte.

Der Verbrecher am Kreuz mit seiner spektakulären Wende in den letzten Stunden ist mit leeren Händen im Paradies angekommen. Er hatte keine Zeit mehr, um für seinen neuen Herrn zu wirken. So dachte ich. Bis ich realisierte, wie viele Menschen durch diesen Bericht ermutigt worden sind, ihr Leben auf eine neue Grundlage zu stellen, vielleicht auch erst in den letzten Stunden ihres Lebens. Oder trotzdem für Angehörige und Freunde zu beten, auch wenn alles dagegenspricht. Nein, der Verbrecher steht nicht mit leeren Händen da. Jeder Mensch, der zu Jesus gehört, ist ein Beweis mehr, dass das Opfer von Jesus am Kreuz von Golgatha nicht umsonst war.

Jesus am Kreuz

Ein Tod mit großer Wirkung

Johannes 19,16-30

Die Strafe liegt auf ihm, auf dass wir Frieden hätten, und durch seine Wunden sind wir geheilt.
Aus Jesaja 53,5

Der Tod des Sohnes Gottes war mehr als das Sterben eines gewöhnlichen Menschen. Was können wir aus seinen letzten Stunden lernen?

Unvollendet

Wenn ein Mensch mit 33 stirbt, ist das tragisch. Wenn er dazu noch besonders begabt war, vieles bewegt und Tausende begeistert hat, dann sind wir tief betroffen. Erst recht, wenn die Todesursache kein Unfall und keine Krankheit, sondern eine Hinrichtung war. Und das wegen eines Justizskandals! Der oberste Richter bestätigte die Unschuld des Angeklagten und verurteilte ihn trotzdem zum Tod ... Was hat das für einen Sinn?

Wenn es *einen* gegeben hat, der nach unserem Empfinden zu früh gestorben ist, dann war es Jesus von Nazareth. Er war so selbstlos und so überzeugt von seiner Sendung. Er lebte zu 100 Prozent zugunsten anderer, Wunder waren für ihn normal. Keiner predigte so eindrücklich wie er. Und dann dies! Seine Gegner gewannen die Oberhand. In einer Nacht-und-Nebel-Aktion wurde er verhaftet, in einem Schnellprozess zum Tode verurteilt und innerhalb weniger Stunden hingerichtet. Von den Tausenden, die ihn verehrt hatten, blieb nur eine Handvoll verängstigter Männer und Frauen übrig. Für sie brach eine Welt zusammen. Sie standen vor dem Nichts.

War es eine Panne?

Jesus hatte den Tod nicht herbeigesehnt, im Gegenteil! Nur schon die Vorstellung, von seinem Vater im Himmel getrennt zu werden, löste bei ihm blankes Entsetzen aus. „Ich zerbreche fast unter der Last, die ich zu tragen habe", sagte er zu den Jüngern kurz vor seiner Verhaftung (Matthäus 26,38).

Aber sein Tod am Kreuz war keine Panne, sondern Plan Gottes. „Niemand nimmt mir mein Leben, ich gebe es freiwillig. Ich habe die Macht und die Freiheit, es zu geben und zu nehmen. Das ist der Auftrag, den mir mein Vater gegeben hat" (Johannes 10,18). Die Kreuzigung war der Höhepunkt seiner Sendung, dazu war er ja Mensch geworden. Ohne diesen tragischen Tod hätte er uns nicht helfen können.

Bis ins kleinste Detail überliefert

Von keiner Person in der Bibel sind die letzten Tage, ja die letzten Stunden ihres Lebens so genau überliefert wie von Jesus. Schon Wochen vorher hatte er mit den Jüngern über seinen Tod gesprochen. Sie wollten ihn davon abhalten. Leiden und Tod passten nicht zu einem Messias, der im Begriff war, die Herrschaft anzutreten.

Als sich dann Jesus wenige Tage vor dem Passahfest auf den Weg nach Jerusalem machte, herrschte Jubelstimmung. Denn kurz vorher hatte er noch einmal einen Beweis seines Könnens abgeliefert, als er in Bethanien einen Mann von den Toten zurückholte und ihm das Leben zurückgab. Auf einem Esel ritt Jesus dann in Jerusalem ein – und die ganze Stadt geriet in helle Aufregung (Matthäus 21,10). Aber Jesus machte sich keine Illusionen. Begeisterung kann schnell ins Gegenteil umschlagen.

Dann kam jener verhängnisvolle Schwenk des Jüngers Judas Iskariot. Mitten aus der Andacht rund ums Passahfest schlich er sich davon und verriet den Feinden den Aufenthaltsort von Jesus. Einer, der Jesus drei Jahre beobachten und fragen konnte, hatte vielleicht den Glauben verloren, dass dieser Mann wirklich der Messias war.

Der entscheidende Schlag

Die jetzt folgenden Stunden liefen ab wie nach einem Drehbuch. Judas führte die Soldaten in den Garten Gethsemane. Jesus wurde verhaftet und dem Hohen Rat in Jerusalem vorgeführt. Fast wäre die Sache mit der Anklage ins Leere gegangen, denn Jesus bot den Gegnern keine Angriffsfläche. Auch die Behauptungen der falschen Zeugen klangen zu widersprüchlich. Erst der Hohepriester holte zum entscheidenden Schlag aus. Auf die Frage, ob er Gottes Sohn sei, antwortete Jesus mit letzter Klarheit: „Du sagst es. Von jetzt an werdet ihr den Menschensohn an der rechten Seite Gottes sitzen und auf den Wolken des Himmels kommen sehen.“ Das genügte. Der Hohe Rat hatte *den* Beweis, den er für ein Todesurteil wegen Gotteslästerung gebraucht hatte. Jetzt galt es nur noch, Pilatus, den höchsten Römer in Israel, zu überzeugen, dass es sich hier um einen gefährlichen Staatsfeind handelte, der so schnell wie möglich beseitigt werden musste. Denn die jüdische Gerichtsbarkeit durfte keine Todesurteile vollstrecken. Es gelang. Wenige Stunden später hing Jesus am Kreuz.

Warum war Jesus so schweigsam?

Von der Kreuzigung um neun Uhr bis zu seinem Tod vergingen sechs unendlich lange Stunden. In dieser Zeit hat Jesus gerade mal sieben Sätze gesagt. Bei Matthäus und Markus war es sogar nur ein Satz, bei Lukas drei und bei Johannes vier. Das ist wortkarg, von einem Prediger, der die Leute fesseln konnte. Dabei hatte er ein vielseitiges Publikum vor sich: römische Soldaten, seine religiösen Widersacher, einige Frauen, die ihn die letzten Jahre begleitet und ihm gedient hatten, und einen einzigen Jünger, Johannes. Jesus verzichtete auf eine weitere Predigt. Warum wohl?

Die Antwort ist einfach: Wer am Kreuz hängt, kriegt keine Luft mehr. In einem Lexikon wird die Kreuzigung wie folgt beschrieben: „Die römische Hinrichtungsmethode des Kreuzigens sollte einen dazu Verurteilten absichtlich besonders langsam und grausam töten. Es konnte Tage dauern, bis sein Tod eintrat. Das möglichst lange qualvolle Sterben des Gekreuzigten sollte ihn demütigen und den Betrachter einschüchtern und abschrecken. Der Tod durch Ersticken, Kreislaufkollaps oder Herzversagen trat bei nicht schon vorher geschwächten Menschen meist innerhalb von drei Tagen ein."

Auch im größten Schmerz andere im Auge behalten

Betrachtet man die Sätze, die Jesus in seinen letzten Stunden noch sagte, fällt auf, dass vier von ihnen die Menschen um ihn herum betrafen: die Soldaten, die ihm die Nägel durch die Gelenke trieben, der Verbrecher zu seiner Rechten, seine Mutter und der Jünger Johannes. Typisch Jesus. Er hätte schreien können vor Schmerzen – niemand hätte es ihm übel genommen. Stattdessen kümmerte er sich um andere. Nur zweimal ging es um seine eigenen Bedürfnisse: „Mich dürstet" (Johannes 19,28) – mit dem bezeichnenden Zusatz: „... damit die Schrift erfüllt würde". Dann der Schrei der tiefsten Gottverlassenheit: „Mein Gott, warum hast du mich verlassen?" (Matthäus 27,46)

Dreimal wandte sich Jesus direkt an seinen Vater im Himmel: „Vater, vergib ihnen!" (Lukas 23,34) Sein letzter Satz ist unterschiedlich überliefert. Bei Lukas war es: „Vater, in deine Hände lege ich meinen Geist" (Lukas 23,46). Johannes hörte als Letztes die Siegesmeldung: „Es ist vollbracht!" (Johannes 19,30)

Und seine Gegner?

Was hatte sich Jesus doch bemüht, auch seine Gegner ins Boot zu holen. Er war für *alle* Menschen da gewesen, nicht nur für die Armen und Kranken. Aber wenn einer sich nicht helfen lassen *wollte,* musste sogar der Sohn Gottes kapitulieren.

Seine Gegner waren unter dem Kreuz noch einmal alle aufmarschiert. Sie wollten sicher sein, dass sie ihren gefährlichsten Gegner zur Strecke gebracht hatten. Und sie waren keine stummen Beobachter, sondern nutzten die Hilflosigkeit von Jesus brutal aus: „Bist du der Christus, der König von Israel, so steige herab vom Kreuz, damit wir sehen und glauben" (Markus 15,31). Sie wollten eine letzte Bestätigung, dass ihr Todesurteil vom frühen Morgen richtig gewesen war.

Und Jesus? Wie reagiert er, so kurz vor dem Tod? Muss er die Tragik in Kauf nehmen, dass es ihm nicht gelungen ist, *alle* von seiner Botschaft zu überzeugen? Nein, für seine Feinde verliert er kein einziges Wort. Nicht weil er sie gehasst hätte. Jesus liebte alle Menschen, auch wenn er sie hart anfassen musste. Aber jetzt, in den letzten Minuten seines Lebens, wendet er sich anderen zu. Er lässt den Gegnern ihre Überzeugung und kümmert sich um die, die ihn gerade brauchen.

Wenn der Tod
größere Bedeutung hat als das Leben

Jesus hat in seinem kurzen Leben Erstaunliches erreicht. Tausende haben davon profitiert, dass der Sohn Gottes unsere Erde besuchte. Unzählige Kranke waren geheilt worden, Hoffnungslosen hat er eine neue Perspektive geschenkt. Elf Männer versetzte er in die Lage, die angefangene Arbeit weiterzuführen. Die Liste ist lang. Aber er wäre nur als „guter Mensch“, als Wohltäter und begabter Prediger in die Geschichte eingegangen. Uns, die wir heute leben, hätte er damit nicht helfen können.

Es war sein *Tod,* der den Unterschied machte. Damit öffnete er allen Menschen die Möglichkeit zu einem neuen Leben – bis heute. Genauer: Sein Tod – und was danach passierte. Denn am dritten Tage war der bei Pharisäern und Schriftgelehrten bestgehasste Mensch plötzlich wieder da. Gott kapituliert selbst vor dem Tod nicht. Er holte Jesus ins Leben zurück.

Interessant auch hier, dass sich Jesus nach Ostern um seine Gegner nicht mehr gekümmert hat. Kein Besuch bei Pilatus oder Herodes, auch nicht beim Hohepriester, der ihn als Gotteslästerer zum Tod verurteilt hatte. Nur seine Anhänger sahen ihn (Apostelgeschichte 10,40-41). Mit ihnen verbrachte er die letzten sechs Wochen zwischen Ostern und Himmelfahrt und besprach mit ihnen seine weiteren Pläne (Apostelgeschichte 1,3).

Die sensationelle Nachricht, dass einer vom Tod zurückgekommen ist, verbreitete sich in Windeseile im ganzen Römischen Reich. Dass dieser Eine das Grundproblem des Menschen, die Sünde, löst und uns in die unmittelbare Nähe des lebendigen Gottes führt, hat einen unglaublichen Siegeszug durch die Völker angetreten. Millionen von Menschen haben sie gehört und die gute Nachricht geglaubt. – Ein Tod, der wirklich tiefen Sinn hat!

Jesus

Freude beim Abschied

Lukas 24,50-52

Wir müssen das Evangelium nicht lesen, wie ein Notar ein Testament liest,
sondern so, wie es der rechtmäßige Erbe liest.
Der Erbe: Er sagt sich bei jedem Satz, voller Freude und Jubel:
Das ist alles für mich, das ist alles für mich.
Isaac Newton

Das darf doch nicht wahr sein!

Können Sie sich vorstellen, dass Sie einen geliebten Menschen für immer verloren haben – und dieser Verlust löst bei Ihnen und Ihren Bekannten umwerfende Freude aus? So geschehen bei der Himmelfahrt von Jesus: „Die Jünger fielen vor ihm nieder. Danach kehrten sie voller Freude nach Jerusalem zurück“ (Lukas 24,52).

Nach seiner Auferstehung blieben Jesus gerade mal sechs Wochen, um seinen definitiven Abschied von den Jüngern vorzubereiten. Geübt hatten sie diesen Fall ja schon einmal. An Karfreitag war ihnen Jesus auf brutale Art und Weise entrissen worden. Ihre Hoffnung auf eine Karriere im Reich Gottes hatte sich zerschlagen. Sie mussten damit rechnen, dass es auch ihnen an den Kragen ging, denn der vermessene Irrglaube des Jesus von Nazareth (so die Meinung seiner Gegner) musste mit Stumpf und Stiel ausgerottet werden.

Doch dann war er plötzlich wieder da. Frauen hatten ihn als Erste wieder gesehen. Er sei von den Toten auferstanden, meldeten sie den verdutzten Jüngern. Diese mussten allerdings noch einige Stunden warten, bis auch sie ihn persönlich trafen. So langsam dämmerte es ihnen. Hatte er ihnen nicht alles vorausgesagt? Jetzt erst fiel der Groschen.

Jesus war wieder da – und doch nicht mehr so richtig wie früher. Er konnte einen Raum durch geschlossene Türen betreten, mit zwei Jüngern zu Abend essen und plötzlich verschwinden. Und als die Jünger von ihm wissen wollten, ob es jetzt mit dem Königreich Gottes endlich losgehen würde, wiegelte er ab: „Ihr braucht das gar nicht zu wissen. Gott hat sich den Zeitpunkt dafür selber vorbehalten." Sie hätten eine andere Aufgabe. Die Nachricht, dass der Sohn Gottes hier war, für die Sünden aller Menschen gestorben und wieder ins Leben zurückgekehrt war: Diese sensationelle Botschaft sollten alle Menschen hören. Das sei jetzt ihre Hauptaufgabe (Apostelgeschichte 1,7-8).

Wie hat Jesus nach Ostern ausgesehen?

Sah Jesus genauso aus wie vorher oder doch anders? Maria Magdalena verwechselte ihn am Ostermorgen zuerst mit dem Friedhofsgärtner. Die Emmausjünger machten mit Jesus eine lange Wanderung – sie erkannten ihn erst am Ziel. Den ungläubig staunenden Jüngern zeigte er seine Wundmale von der Kreuzigung als seine besonderen Erkennungszeichen. Man konnte Jesus also erkennen – und doch war er nicht mehr der Gleiche wie vor seinem Tod am Kreuz. Der Schöpfer hatte das „Material“ seines Körpers verwendet (das Grab war ja leer), um daraus einen neuen Menschen zu machen.

Ist das so wichtig? Ja! Paulus war überzeugt: „Jesus Christus wird unseren schwachen, vergänglichen Körper verwandeln, sodass er genauso herrlich und unvergänglich wird wie der Körper, den er selber seit seiner Auferstehung hat“ (Philipper 3,21). Frei von der Vergänglichkeit, nicht mehr an die Naturgesetze gebunden, und vor allem ohne die verheerenden Folgen der Sünde, ohne Schmerzen und Krankheit – das ist Herrlichkeit. Jesus ist uns den Weg vorangegangen! Am Ziel werden wir ihn sehen, wie er wirklich ist (1. Johannes 3,2).

„Auf Wiedersehen!“

Zurück zu den Jüngern an Himmelfahrt. Jesus musste ihnen irgendwie klarmachen, dass sein endgültiger Abschied nahte. Seit Ostern konnte er unverhofft in ihrer Mitte stehen und ebenso plötzlich wieder verschwinden. Diese Zeit war jetzt vorbei. Vor den Augen der Jünger wechselte er demonstrativ in die unsichtbare Welt. „Er wurde emporgehoben und eine Wolke nahm ihnen die Sicht.“ Als seine Jünger ungläubig nach oben starrten, wurden sie von zwei Engeln unsanft in die Wirklichkeit zurückgeholt: „Was steht ihr hier und seht zum Himmel? Gott hat Jesus aus eurer Mitte zu sich in den Himmel genommen; aber eines Tages wird er genauso zurückkehren“ (Apostelgeschichte 1,11).

Eigentlich müsste die Stimmung der Jünger nach diesem definitiven Abschied im Keller sein. Der Chef ist weg und kommt nicht mehr zurück. Doch das Gegenteil war der Fall. „Sie kehrten voller Freude nach Jerusalem zurück.“ Ausgerechnet beim Abschied entsteht eine „mega“ Freude (so wörtlich in Lukas 24,52). Sich freuen, wenn der liebste Mensch, ja der Lebensinhalt, weg ist – wie ist so etwas möglich? Das wäre in etwa so, wie wenn ein unangenehmer Besucher endlich unser Haus wieder verlässt. Wir können aufatmen, Ruhe kehrt ein, die Wohnung gehört wieder uns allein. War es das?

Oder steckt hinter der großen Freude der Jünger etwas anderes? Auf der Suche nach Gründen für diese doch überraschende Reaktion der Jünger bin ich auf die folgenden Möglichkeiten gestoßen:

„Ich komme zurück!“

Diesmal hatten sie besser zugehört als damals, als Jesus sie auf seinen Tod vorbereiten wollte. „Ich gehe, um euch eine Wohnung vorzubereiten. Dann komme ich zurück, um euch abzuholen. Denn ihr sollt dort sein, wo ich auch bin“, so hatte er versprochen (Johannes 14,2-3). Sie nahmen ihn ernst und freuten sich. Was sie nicht wissen konnten: Keiner von den Anwesenden wird noch am Leben sein, wenn Jesus in Macht und Herrlichkeit auf diese Erde zurückkommt. Aber die Freude war perfekt.

„Es ist besser, wenn ich jetzt gehe“

... denn sonst käme der nicht, „der euch an meiner Stelle helfen soll“ (Johannes 16,7). Der Heilige Geist konnte für die Sünden der Menschheit nicht sterben. Dazu brauchte es einen Menschen aus Fleisch und Blut, „jedoch ohne Sünde“ (Hebräer 4,15). Aber jetzt war die Stunde des Heiligen Geistes gekommen. Er war und ist in der Lage, Dinge zu tun, die Jesus als Menschensohn verwehrt waren: zum Beispiel zur gleichen Zeit in Millionen von Gläubigen wirken, sie trösten, lenken oder beraten. Wenn das kein Grund zur Freude ist!

An einem besseren Ort

Oder lag der Grund für die Begeisterung der Jünger in dem Wissen, dass es Jesus am neuen Ort viel besser hatte als hier? Für Jesus, der aus einer für uns unvorstellbaren Herrlichkeit kam, muss das Menschwerden ein schwerer Schock gewesen sein. Vor seinem Start an Weihnachten hatte Jesus keine Erfahrung mit Müdigkeit, Hunger, Ablehnung, Willkür und körperlichen Schmerzen. Jetzt hatte er das alles selbst erlebt und erlitten. Er hielt durch und blieb doch der Vollkommene. „Wenn ihr mich wirklich lieben würdet, dann würdet ihr euch darüber freuen, dass ich jetzt zum Vater gehe; denn er ist größer als ich“, hatte er seinen Jüngern kurz vor seinem Tod gesagt (Johannes 14,28). Seine Rückkehr in die unsichtbare Welt bedeutete für ihn die Wiederaufnahme in die ihm so vertraute Atmosphäre im Himmel. Jetzt sitzt er dort auf dem Ehrenplatz an Gottes rechter Seite (Kolosser 3,1).

Wie geht es Ihnen, wenn Sie von einem geliebten Menschen Abschied nehmen müssen? Freuen Sie sich für ihn, dass er es am Ziel viel besser hat? Oder sehen Sie nur auf sich selbst, den Verlust, das große Loch, das der andere zurückgelassen hat? Sicher: Trauerarbeit ist nötig und richtig. Aber der Blick hinein in die Herrlichkeit, die uns erwartet, hilft, den Verlust zu verkraften.

Verbündeter im Himmel

Oder könnte am Ende das Wissen der Jünger, dass sie jetzt einen Verbündeten beim Vater im Himmel haben, Auslöser der großen Freude sein? Die traumatische Erfahrung von Karfreitag, ihr unglaubliches Versagen im entscheidenden Augenblick, lag erst wenige Wochen zurück. Jesus hätte allen Grund gehabt, sie abzuschreiben. Er tat es nicht. Wie Jesus nach Ostern immer noch auf die elf verbliebenen Jünger setzte, ist ein Musterbeispiel von Vergebung. Jesus steht in jedem Fall und unbedingt auf unserer Seite – eine Erfahrung, die sie nie mehr vergessen konnten. Jetzt sitzt dieser Jesus an den Schalthebeln der Macht. Und das Schönste ist: Ich kann ihn jederzeit anrufen. Ich habe einen direkten Draht in die unsichtbare Welt. Jesus legt beim Vater ein Wort für mich ein (Römer 8,34). Ich darf mich direkt an ihn wenden, er zeigt Verständnis für meine Schwachheiten und vergibt. Ein weiterer Grund zur Freude!

Wir werden erwartet

Das allerdings hatten die Jünger begriffen: Jetzt ist es an uns, das angefangene Werk von Jesus weiterzuführen. „So wie mich der Vater gesandt hat, so sende ich euch", hatte er ihnen am Abend von Ostern gesagt. „Damit ihr dazu überhaupt in der Lage seid, braucht ihr den Heiligen Geist" (nach Johannes 20,21-22). Jesus hatte ihnen diesen Auftrag gegeben, kurz nachdem sie alle „abgestürzt" waren. Keiner von ihnen hatte an Karfreitag eine gute Figur gemacht. Und jetzt vertraute er seine „Firma" ausgerechnet dieser Truppe von Versagern an, wohl wissend, dass sie damit hoffnungslos überfordert waren. Aber Überforderte sind offen für Hilfe – und die stand ihnen durch den Heiligen Geist jederzeit und in vollem Umfang zur Verfügung. Wenn sie es nur wollten.

Jesus ist am Ziel. Von dort beobachtet er gespannt den Weg seiner Jünger – durch alle Jahrhunderte. Wer an Jesus Christus glaubt, ist im Himmel bekannt (Lukas 10,20). Da ist keine Verlegenheit, wenn wir „drüben" ankommen, sondern Freude. Die Siegesmeldung, dass es wieder eine(r) geschafft hat, verstummt im Himmel nie. Jeden Tag sind es Tausende von Geretteten, die das Ziel erreichen. Jede(r) ist eine weitere Bestätigung, dass das Leben und Sterben von Jesus nicht umsonst war. So wird das Lob und die Anbetung Gottes nie mehr verstummen. Und *unsere* Freude wird keine Grenzen kennen.

Der Seher Johannes

Der Höhepunkt zum Schluss

Offenbarung 1,10-13 und 17-18

Die Krise der Hoffnung, unter der die Gemeinde Jesu heute leidet,
ist eine Krise unserer Vorstellungskraft.
John Eldredge

Johannes war der „Jünger, den Jesus liebte". Er hatte viel mit dem Herrn erlebt. Im Exil auf der Insel Patmos schrieb er hochbetagt das letzte Buch der Bibel, die Offenbarung – und konnte auf ein erfülltes Leben zurückblicken.

Er war der Letzte des Zwölferteams, das Jesus vor 60 Jahren zusammengestellt hatte. Alle anderen waren längst tot. Die meisten starben als Märtyrer, der Erste, Jakobus, schon wenige Wochen nach Pfingsten, enthauptet auf Befehl von König Herodes (Apostelgeschichte 12,2). Die anderen setzten den letzten Auftrag ihres Herrn um. Überall in der Welt verbreiteten sie die gute Botschaft, dass Gott ein Interesse an jedem Menschen hat.

Aber auch ihn, „den Jünger, den Jesus liebte" (zum Beispiel in Johannes 13,23), hatte es böse erwischt. Er war zwar mit dem Leben davongekommen, aber nicht unbeschadet. Der römische Kaiser zitierte ihn nach Rom, dort wurde er gefoltert und dann auf eine einsame Insel in der Ägäis verbannt. Und das mit 90 Jahren! „Womit habe ich das verdient?“, mag Johannes sich gefragt haben. „Ein Leben lang habe ich mein Bestes gegeben. Ist das nun die Quittung?“

Aber von Selbstmitleid keine Spur. Im Gegenteil. Der viel beschäftigte Bischof von Ephesus sieht im Exil auf Patmos eine Chance: Endlich hat er Zeit. Johannes war trotzdem nicht zu beneiden. Die Insel war kein Ferienparadies, sondern karge, felsige Einsamkeit. Telefonverbindungen zum Festland gab es nicht. E-Mail, SMS, Skype, Facebook – all diese Luxusprodukte unserer schnelllebigen Zeit: Fehlanzeige. Briefe waren das Höchste der Gefühle. Und bis sich ein Schiff einmal nach Patmos verirrte, konnten Wochen vergehen. Johannes war wirklich kaltgestellt.

Die große Überraschung

Wie reagiert ein gestresster Mann, wenn es plötzlich nichts mehr zu tun gibt? Christen haben es in solchen Situationen leichter: Sie können wenigstens noch beten. Und dann geschieht, womit Johannes nie gerechnet hätte. An einem Sonntagmorgen, mitten in der „Stillen Zeit“, erhielt er Besuch. Nicht aus Ephesus oder Rom, auch nicht aus Jerusalem. Nein, die höchste Instanz dieser Welt persönlich stattete ihm einen Besuch ab.

„An einem Sonntag ergriff mich Gottes Geist. Ich hörte hinter mir eine gewaltige Stimme, durchdringend wie eine Posaune: ‚Schreib alles auf, was du siehst, und sende das Buch an die sieben Gemeinden: nach Ephesus, Smyrna und Pergamon, nach Thyatira, Sardes, Philadelphia und Laodizea. Ich drehte mich um, weil ich sehen wollte, wer zu mir sprach. Da sah ich sieben goldene Leuchter. Und mitten zwischen ihnen stand einer, der wie ein Mensch aussah. Als ich ihn sah, fiel ich wie tot vor seinen Füßen nieder. Aber er legte seine rechte Hand auf mich und sagte: ‚Fürchte dich nicht! Ich bin der Erste und der Letzte und ich bin der Lebendige. Ich war tot, doch nun lebe ich für immer und ewig, und ich habe Macht über den Tod und das Totenreich'" (Offenbarung 1,10-13 und 17-18).

Die Reaktion des Johannes überrascht. Da trifft er einen „alten Bekannten" – und fällt vor Schreck zu Boden. Nichts von „Hallo, alter Freund, wie geht es dir?". Dabei hatten sie sich doch sehr gut gekannt, Jesus und Johannes. Als Jünger stand Johannes seinem Meister wohl am nächsten. Sogar auf den „Berg der Verklärung" durfte er ihn begleiten. Auch in den Jahren seither standen die beiden in regem Kontakt. Denn „nur in einer ganz engen Verbindung mit mir entsteht Brauchbares, ohne mich könnt ihr nichts tun" (Johannes 15,5). Diesen Satz von Jesus hatte sich Johannes tief eingeprägt. Er nahm ihn in sein Evangelium auf und lebte danach.

Als sich Johannes vom ersten Schrecken erholt hatte, begann die eigentliche Arbeit. Aufschreiben sollte er, was ihm gezeigt wurde. Aus diesem intensiven Sehen und Hören wurde die „Offenbarung des Johannes", das letzte

Buch der Bibel. Mit einzigartigen und zum Teil erschreckenden Nachrichten, was noch alles auf uns zukommt. Aber auch mit faszinierenden Einblicken in die unsichtbare Welt, wie wir sie in der Bibel sonst nirgends finden.

Nichts, was auf dieser Welt geschieht, bleibt dem Zufall überlassen, heißt es da. Alle Fäden laufen bei der „himmlischen Regierung“ zusammen. Unsere Welt wird von unsichtbarer Hand gelenkt, sie verläuft nicht nach dem Zufallsprinzip. Nicht der Raffinierteste oder der Mächtigste dieser Welt hat das Sagen, sondern der lebendige Gott. Das muss für die Verfolgten der damaligen Zeit ein unerhörter Trost gewesen sein – und ist es bis heute. Wir sind glücklich zu schätzen, weil der Mächtigste dieser Welt unser Verbündeter ist und für alle, die ihm vertrauen, das Beste im Sinn hat (Römer 8,28).

Alles begann unscheinbar

Die Gedanken gehen zurück zu jenem ganz gewöhnlichen Morgen am See Genezareth, als alles begann. Wie alle Fischer waren Jakobus und Johannes bei ihrer täglichen Routinearbeit, als plötzlich ein wildfremder Mann vor ihnen stand und sie aufforderte, ihm zu folgen. Wohin, ließ er offen. Nicht auszudenken, was passiert wäre, wenn sie die Netze nicht liegen gelassen hätten! Mit dem Entschluss, diesen Wanderprediger ernst zu nehmen, begann für die beiden das Abenteuer ihres Lebens.

Drei Jahre zogen sie mit Jesus durchs Land, hörten ihm zu, diskutierten mit ihm, sahen seine Wunder, konnten ihn beobachten, Tag und Nacht. Bis zu jenem verhängnisvollen Passah, als es die führenden Juden in einer Nacht-und-Nebel-Aktion fertigbrachten, Jesus zu beseitigen. Aus der Traum von einem großen Auftrag, von einem Programm, das diese Welt veränderte. Zurück zu den Netzen, lautete die Parole.

„Folgt mir nach", sagte Jesus, als er zum ersten Mal Jakobus und Johannes begegnete. Wenn Jesus in ein Leben tritt, geschieht das meist unspektakulär, ganz gewöhnlich. Das ist auch heute so. Aber die drei Worte „Folge mir nach" können ein Leben auf den Kopf stellen, vorausgesetzt, wir tun es. Wenn der höchste Chef dieser Welt ruft, gibt es kein Zögern mehr, denn er macht aus unserem Leben viel mehr, als wir uns in den kühnsten Träumen ausdenken können. Am Ende unseres Lebens sehen wir nur einen Bruchteil dessen, was Gott durch unseren schwachen Dienst bewirkt hat. Aber – so schreibt Paulus: Nichts ist vergeblich, was wir in seinem Auftrag tun.

Johannes hat erlebt, wie einflussreiche Leute, zum Beispiel ein reicher junger Mann (Markus 10,17-27), der Aufforderung „Folge mir nach!" *nicht* Folge leisteten – und wie sie in der Bedeutungslosigkeit verschwanden. Nein, er hatte alles stehen und liegen gelassen und war Jesus nachgefolgt. Jetzt, im Rückblick auf die vergangenen 60 Jahre, kann er bezeugen: Es hat sich gelohnt. Es war kein leichtes Leben, aber erfüllt bis an den Rand.

Ein Fischer wird Schriftsteller

Allerdings hätte sich Johannes nie träumen lassen, dass er einmal Millionen von Menschen beeinflussen könnte. Er ging einfach mit Jesus und beobachtete ihn so genau, dass er noch nach Jahrzehnten Gespräche und Episoden bis ins Detail schildern konnte (das Johannesevangelium entstand als Letztes der vier Evangelien). Diese Beobachtungsgabe kommt ihm jetzt zugute, wo es um das letzte Buch der Bibel geht. Ihm werden Bilder der Zukunft gezeigt und er zeichnet sie auf. Er hört Gespräche mit, ist fasziniert von den verschiedenen Chören und ihren Anbetungsliedern – und bringt alles wortgetreu zu Papier. Und das mit 90 Jahren. Nichts von Ruhestand, sein wichtigster Auftrag erfordert volle Aufmerksamkeit. Wer gelernt hat, auf Gott zu hören, kann auch im Alter noch zu überraschenden Aufträgen kommen. Bleiben wir wach – bis zuletzt.

Dann geht er – still und leise

Nach seinem Aufenthalt auf der Insel Patmos war seine Mission abgeschlossen. Johannes kam noch einmal frei und kehrte nach Ephesus zurück. Dort, im heutigen Selçuk, in den Ruinen der Johannesbasilika, wird sein Grab gezeigt. Er musste lange warten, bis er Abschied nehmen durfte. Nun aber ist das Ziel erreicht. Das Leben nach dem Tod kann beginnen.

Das Wiedersehen mit den anderen Jüngern muss für Johannes überwältigend gewesen sein. Gemeinsam staunten sie darüber, was aus den bescheidenen Anfängen damals in Galiläa geworden war. Vor allem aber sahen sie Jesus wieder, ihren geliebten Meister, ihren Freund (Johannes 15,14) und Bruder (Hebräer 2,11), ihren Herrn (Johannes 13,13). Jetzt erst wurde ihnen die volle Tragweite ihrer Entscheidung von damals bewusst. Jetzt erst sahen sie die Auswirkungen ihres Dienstes.

Und sie feierten, nicht sich selbst und ihre Leistungen, sondern Jesus. Er hatte sein Leben für sie gegeben und sie nie im Stich gelassen. Er war der unsichtbare Lenker ihrer Geschicke gewesen und er freute sich mit ihnen über das gelungene Experiment, mit ganz gewöhnlichen Menschen Außergewöhnliches zu wagen.

Kurt Heimbucher

Ich will dich trösten

Für Zeiten der Trauer

80 Seiten, Taschenbuch
ISBN 978-3-7655-0940-7

Ein Buch, das trauernde Menschen aufrichten möchte, mit tiefen Einsichten und tröstenden Gedanken über Vergänglichkeit und Abschiednehmen, über Tod und Trauer, Verzweiflung und Einsamkeit, über so manches unbegreifliche Geheimnis – gefolgt von Betrachtungen, die zur Überwindung der Trauer ermutigen: Betrachtungen über Ostern und Hoffnung, über Trost, Heimat und Vollendung.

BRUNNEN VERLAG GIESSEN
www.brunnen-verlag.de

Christoph Morgner (Hrsg.)

Ich will euch trösten,
wie einen seine Mutter tröstet

Das Lesebuch zur Jahreslosung 2016

144 Seiten, Taschenbuch
ISBN 978-3-7655-4259-6

Ein starkes Bild: Gottes Arme stehen offen wie die einer Mutter, um ihr Kind zu trösten. Sie nimmt es in den Arm, sagt ein gutes Wort, nimmt sich Zeit.

Wie erleben Menschen diese „mütterliche" Seite Gottes? Wie tröstet Gott? Wie heilt er Verletzungen? Wie können wir Menschen trösten, ohne zu vertrösten?

Mit Beiträgen von Hanna Ahrens, Michael Diener, Noor van Haaften, Andreas Malessa, Jürgen Mette, Christoph Morgner, Ulrich Parzany, Nikolaus Schneider und weiteren.

BRUNNEN VERLAG GIESSEN
www.brunnen-verlag.de

Ed Underwood

Die Feuerprobe

Roman

176 Seiten, gebunden
ISBN 978-3-7655-0931-5

Ein Zeichen, logische Argumente, das richtige Gefühl oder die Bibel – was zählt, wenn man Gottes Willen für sein Leben herausfinden möchte? Zusammen mit dem schrulligen Ranger Peter machen sich Christopher und Susan auf den Weg, um eine Antwort zu bekommen. Die Wanderung durch wilde Berglandschaften hält einige Herausforderungen für das junge Ehepaar bereit. Doch wie soll mitten in der Wildnis Gottes Wille zu finden sein? Und warum muss ausgerechnet hier Christophers dunkles Geheimnis hervorbrechen? Und dann schließt auch noch ein gefährlicher Waldbrand die Wanderer auf einer Lichtung ein …

LChoice App
kostenlos laden,
dann Code scannen
und ganz einfach
beim Buchhändler
Ihrer Wahl bestellen

LChoice

BRUNNEN VERLAG GIESSEN
www.brunnen-verlag.de